食と農の貿易ルール入門

作山 巧 ■著

基礎から学ぶ
WTOとEPA/TPP

昭和堂

An Introduction to
International Trade Rules

はじめに

　2018年から2019年にかけて、日本経済や国民生活に大きく影響する動きが相次いだ。まず2018年12月には、日本を含む11カ国の間で農産物等の広範な関税の撤廃を約束した「包括的で先進的な環太平洋パートナーシップ協定」（TPP11協定）が発効した。また2019年2月には、日本と欧州連合（EU）との間で、TPP11協定と同様の貿易自由化を盛り込んだ経済連携協定（日欧EPA）も発効した。さらに2019年4月には、元の環太平洋パートナーシップ（TPP）協定から離脱したアメリカと日本の間で物品貿易協定（TAG）の交渉が始まった。経済規模の大きな国や地域の間で締結される自由貿易協定（FTA）をメガFTAと呼び、日本は本格的なメガFTA時代を迎えている。ここで列挙したFTA、EPA、TPPは、いずれも貿易に関する国同士の約束を定めた貿易ルールという点で共通している。

　貿易ルールは経済活動や国民生活に大きく影響するため、時として激しい論争を呼び、メディアでも頻繁に取り上げられている。例えば、貿易相手国の関税が撤廃されれば日本からの輸出が増加し、企業や地域経済に良い影響があるかもしれない。他方で、日本の農産物の関税が撤廃されれば、海外からの輸入が増加し、農家や地域経済に悪い影響があるかもしれない。さらに消費者にとっても、関税の撤廃によって輸入食料が安くなるというメリットがある一方で、増加する輸入食品の安全性に不安を持つ人もいるだろう。このように、貿易ルールの影響を受けない国民はほとんどいない。したがって、グローバル化が進む日本で食料や農業に関心を持つ者はなおさら、貿易ルールの正確な理解が欠かせない。

　しかし、貿易ルールを正しく理解することは難しい。例えば、TPP11協定による日本の米の自由化がもたらす影響をとってみても、多くの予備知識が必要だからである。具体的には、①日本における米の生産や貿易の現状、②日本の米の貿易制度の現状、③それを規定する既存の貿易ルールの内容を知る必要がある。それによって初めて、④TPP11協定のような新たな貿易ルールが日

本の米に及ぼす影響を理解することができる。本書では、第1章で①の日本の食料貿易の現状、第5章で②の日本の農産物貿易制度の現状を概観する。その上で、第Ⅰ部（第5章を除く第2章〜第8章）で、③の既存の多国間の貿易ルールについて説明し、第Ⅱ部（第9章〜第13章）で、④のTPP協定を含む特定国間のFTAやEPAについて解説する。

　日本が世界有数の食料輸入大国であることを考えると、これまで類書がなかったのは驚きである。貿易ルールを扱った入門書のうち、法律学の一分野である国際経済法では、紛争事例に基づく条文の解説が中心で、制度の現状や経済効果は手薄である。また、ミクロ経済学を貿易に適用する国際経済学では、貿易政策の効果の理論的な説明が中心で、制度の現状や貿易ルールの記述は十分でない。さらに、両者では食料や農業の事例は限定的である。最後に、農業経済学や食料経済学では、貿易ルールに割かれる分量はごくわずかで、最新の動向もカバーされていない。筆者の専門分野は経済学ではあるものの、本書は経済学的なツールの利用は最小限に抑え、食料や農業の貿易ルールの解説に焦点を当てた初めての入門書である。

　本書は、農学部を中心に、食料や農業に関する大学レベルの教科書や参考書としての利用を想定している。他方で、本書を読み通す上で特段の予備知識は必要とせず、食料や農業に関心を持つ社会人の方々にも広く手にとって頂きたい。冒頭に述べたように、貿易ルールは経済活動や国民生活に大きく影響することから、時に激しい論争を呼び、賛否が分かれる問題である。このため、それを無条件に賞賛する論調や、根拠の乏しい危機感をあおる主張も目につく。本書が、食料と農業に関する貿易ルールへの正確な理解に役立つのであれば、筆者としてこれに勝る喜びはない。

　本書が形になったのは、3つの幸運による。第1は農水省での実務経験である。筆者は、25年間の農水省勤務のうち10年以上、本書でとりあげる様々な貿易交渉に従事した。本書には、コラムを含めてその経験を多く盛り込んだ。第2は明治大学での講義経験である。筆者は、同大学の農学部で2013年以降、食料と農業の貿易ルールに関する講義を担当してきた。本書はその講義資料を基にしたもので、延べで約700人を超える受講生のコメントが活かされている。

第3はアメリカでの在外研究である。筆者は2018年4月から1年間、明治大学の在外研究員として、アメリカのカリフォルニア大学に滞在した。一時的に校務を離れて研究に専念できる環境がなければ、本書をまとめることはできなかった。

　本書は多くの方々のご厚意の賜である。まず、在外研究の機会を与えてくれた明治大学、特に筆者が所属する農学部食料環境政策学科の先生方には、在外研究に快く送り出した上で、不在中の校務も引き受けて頂き、深く感謝したい。また、カリフォルニア大学デイビス校で筆者を受け入れて下さった、ダニエル・サムナー卓越教授にも謝意を示したい。アメリカ農業経済学会の大御所のサムナー教授は、アメリカ農務省で高官を務めた経験もあり、同氏との議論は本書を執筆する上でも大いに役立った。さらに、本書の執筆を提案し、編集も担当して下さった昭和堂の越道京子氏にも感謝したい。各章の冒頭のキーワード（本文では太字で表記）や、章末のキーワード解説、練習問題（考えてみよう）、文献案内（さらに学びたい人のために）など、本書が教科書としての体裁を整えられたのは、同氏の助言のおかげである。

　本書の草稿は、様々な方に読んで頂いた。まず、元農水省国際部長で現在は早稲田大学地域・地域間研究機構招聘研究員の林正徳氏からは、草稿全体を丹念に読んだ上で詳細なコメントを頂戴した。これによって、本書の内容を大きく改善することができた。また、大阪大学国際公共政策研究科の内記香子准教授からも、主に第7章に対して有益なコメントを頂戴した。さらに、筆者のゼミ5期生の堤弘樹君、安藤浩太郎君、小林祐貴君、土屋裕嗣君、戸部舜介君、古庄愛樹君には、草稿の誤りを指摘してもらった。これら各氏の協力に対しても、心から感謝したい。その上で、本書の文責はあくまで筆者にあることはいうまでもない。

　2019年3月　カリフォルニア州デイビスにて

　　　　　　　　　　　　　　　　　　　　　　　　　　作　山　巧

略語一覧

AMS	支持の総合的計量手段
ASEAN（アセアン）	東南アジア諸国連合
CPTPP	包括的で先進的な環太平洋パートナーシップ協定（いわゆる TPP11協定）
EC	欧州共同体
EPA	経済連携協定
EU	欧州連合
FTA	自由貿易協定
GATS（ガッツ）	サービスの貿易に関する一般協定
GATT（ガット）	関税と貿易に関する一般協定
GDP	国内総生産
HS	商品の名称及び分類についての統一システム
ITO	国際貿易機関
MFN	最恵国待遇
NAFTA（ナフタ）	北米自由貿易協定
NT	内国民待遇
PSA	部分自由化協定
RCEP（アールセップ）	東アジア地域包括的経済連携
RTA	地域貿易協定
SBS	売買同時契約
SPS	衛生植物検疫
TAG	日米物品貿易協定
TBT	貿易の技術的障害
TPP	環太平洋パートナーシップ（協定）
TRIPS（トリップス）	貿易関連の知的所有権
TTIP（ティーティップ）	環大西洋貿易投資パートナーシップ
WTO	世界貿易機関

注：独特の読み方がある場合は、それをカッコ内に追記した。

目　次

はじめに …………………………………………………………………… i
略語一覧 …………………………………………………………………… iv

第1章　食と農の貿易ルールを学ぶために……………………1
　　　　──貿易はなぜ行われるのか

- 新聞記事で学ぶ：貿易はなぜ行われるの？　1
1　日本の食料貿易の現状　3
2　貿易の利益　6
3　日本の貿易構造の変遷　8
4　貿易構造の決定要因　10
5　貿易交渉の必要性　12
6　食と農の貿易ルールを学ぶ意義　14
7　おわりに　16

第Ⅰ部　世界共通の貿易ルール──GATTからWTOへ

第2章　GATTの歴史と基本原則…………………………………21
　　　　──「地産地消」も国際ルールに違反するのか

- 新聞記事で学ぶ：「地産地消」は国際ルールに違反するの？　21
1　GATTの経緯と役割　22
2　GATTの目的と基本原則　24
3　関税の譲許　25
4　数量制限の禁止　26
5　特定国の差別を禁止する最恵国待遇　28
6　内外差別を禁止する内国民待遇　30
7　おわりに　31

v

第3章　GATT ウルグアイ・ラウンド農業合意　…………… 34
　　──米の関税はなぜ例外になったのか

　　◉ 新聞記事で学ぶ：日本はなぜ米の輸入制限の維持にこだわったの？　34
　1　ウルグアイ・ラウンドの背景　36
　2　ウルグアイ・ラウンドの成果　37
　3　ウルグアイ・ラウンド農業合意とWTO農業協定　39
　4　おわりに　48

第4章　WTO農業協定の実施状況　……………………………… 51
　　──輸出規制はなぜやめられないのか

　　◉ 新聞記事で学ぶ：食料の輸出規制をやめさせることはできないの？　51
　1　関　　税　52
　2　国内助成　55
　3　日本の国内助成の内訳　59
　4　輸出補助金　63
　5　輸出規制　64
　6　おわりに　66

第5章　WTO協定下の重要品目の貿易制度　………………… 69
　　──米の輸入でなぜ赤字が出るのか

　　◉ 新聞記事で学ぶ：米の輸入でなぜ赤字が出ているの？　69
　1　農産物の重要品目　70
　2　重要5品目①　米　71
　3　重要5品目②　麦　74
　4　重要5品目③　牛肉・豚肉　76
　5　重要5品目④　乳製品　79
　6　重要5品目⑤　砂　糖　82
　7　おわりに　84

第6章　WTO ドーハ・ラウンド交渉 ……………………………… 88
　　　——多国間の交渉はなぜまとまらなくなったのか

　◎ **新聞記事で学ぶ**：ドーハ・ラウンドはなぜまとまらないの？　88
　1　ドーハ・ラウンドの概要と経過　89
　2　農業交渉の範囲と構図　91
　3　農業交渉合意案の概要　93
　4　交渉決裂後の動向　99
　5　交渉決裂の原因　100
　6　おわりに　103

第7章　WTO 衛生植物検疫（SPS）協定と紛争処理制度 ……… 106
　　　——食の安全と貿易の促進は両立するのか

　◎ **新聞記事で学ぶ**：韓国による日本産水産物の輸入禁止は妥当なの？　106
　1　SPS 協定の目的と対象　107
　2　日本の SPS 措置の実施体制　109
　3　SPS 協定の概要　111
　4　WTO 紛争処理制度の概要　115
　5　WTO 紛争処理制度の効果　116
　6　日本が関与した紛争案件　118
　7　おわりに　120

第8章　WTO 知的所有権貿易（TRIPS）協定と地理的表示 …… 124
　　　——外国産が「夕張メロン」を名乗ってもよいのか

　◎ **新聞記事で学ぶ**：シャンパンとスパークリングワインはどう違うの？　124
　1　日本の地理的表示保護制度　125
　2　TRIPS 協定における地理的表示の規定　127
　3　TRIPS 協定と日本の地理的表示保護制度　129
　4　地理的表示をめぐる国際対立　130
　5　地理的表示をめぐる国際交渉　134
　6　おわりに　135

第 II 部　二国間・地域間の貿易ルール——FTA/EPA と TPP

第 9 章　世界の FTA の動向 ……………………… 141
——FTA はなぜ急速に増えているのか

- 新聞記事で学ぶ：FTA はなぜ急速に増えているの？　141
1. FTA の仕組み　142
2. 世界の FTA の動向　145
3. FTA の経済効果　149
4. FTA 締結の動機　152
5. FTA 拡大の問題点　153
6. おわりに　154

第 10 章　日本の EPA の動向 ……………………… 157
——日本の EPA は他国の FTA とどう違うのか

- 新聞記事で学ぶ：日本の EPA は他国の FTA とどう違うの？　157
1. 日本の EPA の動向　158
2. 日本の EPA 政策の経過　161
3. EPA の自由化率　163
4. EPA の利用状況　169
5. EPA の効果　172
6. おわりに　174

第 11 章　環太平洋パートナーシップ（TPP）協定 ……………… 177
——TPP はなぜ大きな議論を呼んだのか

- 新聞記事で学ぶ：TPP が大きな議論を呼んだのはなぜ？　177
1. TPP 交渉の経過　178
2. 参加国の貿易概況　180
3. TPP 協定の概要　182
4. TPP 協定の影響と対策　193

- **5** 今後の展望　195
- **6** おわりに　196

第12章　日EU経済連携協定（日欧EPA）……200
――日本産が「カマンベール」を名乗ってもよいのか

　　新聞記事で学ぶ：日本産チーズに「カマンベール」という名称は使えなくなるの？　200
- **1** 日欧EPA交渉の経過　201
- **2** 参加国の貿易概況　202
- **3** 日欧EPAの概要　204
- **4** 日欧EPAの影響と対策　211
- **5** 今後の展望　213
- **6** おわりに　214

第13章　メガFTA時代の日本の食と農……217
――私たちはどう対応すべきか
- **1** メガFTA時代の到来　217
- **2** 政府の対応　218
- **3** 生産者の対応　222
- **4** 消費者の対応　226

Column ❶　地理的表示をめぐって崩壊した農業四極　136
Column ❷　ニュージーランドがTPPに込めた戦略　197
Column ❸　日本とのEPAに抵抗したEUとの協議　214

索　引……230

第1章 食と農の貿易ルールを学ぶために
―― 貿易はなぜ行われるのか

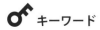 キーワード

純輸入額／絶対優位／比較優位／貿易利益／比較優位産業／比較劣位産業／比較生産費説／生産要素賦存説／貿易交渉／貿易協定／貿易ルール

 新聞記事で学ぶ：**貿易はなぜ行われるの？**

「TPP［環太平洋パートナーシップ］を含め、自由貿易に反対する声も多いよね」。［探偵の松田］章司が事務所でつぶやくと、調査を手伝う同僚の深津明日香が新聞記事のコピーを見せた。「経済学者は、自由貿易を支持する人が多いみたいよ」

明日香が見つけたのは2009年9月の日本経済学会と日本経済新聞社の共同調査。「自由貿易」に対する考えを聞くと経済学者の半数以上は「無条件に尊重すべきだ」または「原則として尊重すべきだ」と答えた。一方、同じ質問を一般の人にもすると「無条件に尊重」「原則として尊重」は合計2割強にとどまり「自由貿易が制限されてもやむを得ないケースもある」という回答が6割に達した。

「経済学者と一般の人ではそんなに考え方が違うのか」。章司は実際に経済学者の話を聞こうと、東京大学教授の松井彰彦さんを訪ねた。松井さんは「経済学の基本的な考え方の中に『比較優位』というものがあり

ます。この考え方で、自由貿易はお互いの国を豊かにすることを説明できるのです」と解説を始めた。（中略）

　重要なのは「比較優位」と「絶対優位」の違い。松井さんが例え話として挙げたのが「アインシュタインと秘書」の関係だ。

　天才物理学者として知られるアインシュタインは自分の秘書よりもタイプライターをずっと速く打つことができたという。この時、アインシュタインはタイプについて秘書より「絶対優位」を持っている。ではアインシュタインは秘書を雇うより自分でタイプしたほうがよいかといえば、そんなことはない。アインシュタインといえど時間が無限にあるわけではないからだ。

　アインシュタインはタイプを秘書に任せて研究に専念したほうが、より優れた成果を生み出せる。2人合わせると結果的に多くの研究と多くのタイプができる。この時、秘書はタイプではアインシュタインに対し「比較優位」を持つ。お互いに比較優位を持つ仕事に専念し、そうでない仕事は相手に任せることで双方にメリットが生まれる。（後略）

　　出所：日本経済新聞朝刊（2015年4月21日）「自由貿易って、本当にいいこと？」（宮田佳幸）から
　　引用。[ ] 内は、筆者による注。

本章で学ぶこと

　貿易はなぜ行われるのだろうか。また、貿易の自由化に対して賛否が分かれるのはなぜだろうか。本章では、日本の食料貿易の現状や貿易構造の変遷をデータで確認し、貿易のメリットや日本が食料輸入国になった要因を明らかにする。さらに、貿易のメリットを実現する上での貿易交渉の必要性を説明し、食料と農業に関する貿易ルールを学ぶ意義を確認する。

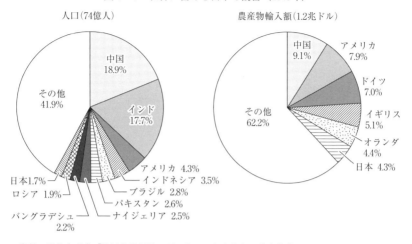

図1-1 世界に占める日本の割合（2015年）

資料：農林水産省『海外食料需給レポート2016』をもとに筆者作成
以下、本書においてとくに出所を記していない図表は、すべて筆者作成

1 日本の食料貿易の現状

　現在の日本は、多くの食料を世界中から輸入し、豊かな食生活を享受している。では、日本の食料輸入は世界でどのような位置を占めているのだろうか。図1-1には、2つの指標について、世界に占める日本の割合を示した。まず左図には、世界の人口に占める日本の割合を示した。2015年の世界の人口は約74億人で、人口が1.27億人の日本は世界の1.7％を占め、順位では第10位となっている。次に右図には、世界の農産物輸入額に占める日本の割合を示した。2015年の世界の農産物輸入額は1.2兆ドルで、約500億ドルを輸入している日本は世界の4.3％を占め、順位では第6位となっている。人口では世界の1.7％に過ぎない日本が、農産物の輸入額ではその倍以上の4.3％を占めている。また図には示していないものの、品目別に見ると、日本の輸入額はとうもろこしでは世界で1位、肉類では2位となっている。

　次に図1-2には、世界で農産物の輸入額が多い上位10カ国を抜き出した上で、各国の農産物の輸出額、輸入額、純輸入額を示した。ここで純輸入額とは、

第1章　食と農の貿易ルールを学ぶために　3

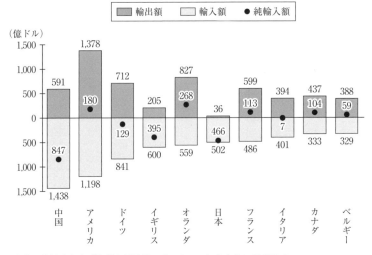

図1-2 農産物輸入額上位10カ国の純輸入額（2015年）

資料：農林水産省『海外食料需給レポート2016』をもとに筆者作成

輸入額から輸出額を差し引いた額である。まず、世界で輸入額が多いのは、図1-1でも見たように中国、アメリカ、ドイツ、イギリス、オランダの順で、日本は6位である。他方で、この10カ国中で輸出額が多いのは、アメリカ、オランダ、ドイツ、フランス、中国の順で、36億ドルの日本は最下位である。最後に純輸入額を見ると、1位は中国で、日本は2位となっている。このように、他の主要な農産物輸入国は輸出額も多いのに対し、日本は輸出額が極端に少ないため、世界有数の純輸入額になっているという特徴がある。

では、日本は以前から食料の輸入大国だったのだろうか。この点を確かめるために、図1-3には、日本の農産物輸出入額と為替レートの推移を示した。日本の農産物輸入額は、1961年から2016年の55年間に20億ドルから517億ドルへと26倍に増加したのに対し、農産物輸出額は、1.7億ドルから40億ドルへと24倍の増加にとどまり、農産物の輸入依存が強まった。こうした輸入増加の要因としては、人口の増加、所得の向上に伴う食生活の変化、円高の進展が挙げられる。実際に図1-3を見ると、農産物輸入額と対ドル為替レート（数字が小さいほど円高を表す）の推移は、良く符合している。為替レートは、1960年

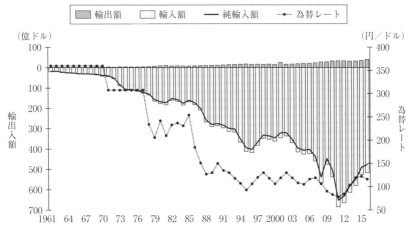

図1-3 日本の農産物輸出入額と為替レートの推移

資料：国連食糧農業機関「FAOSTAT」、総務省『日本の統計2018』をもとに筆者作成

図1-4 日本の相手国別農産物輸入額割合の推移

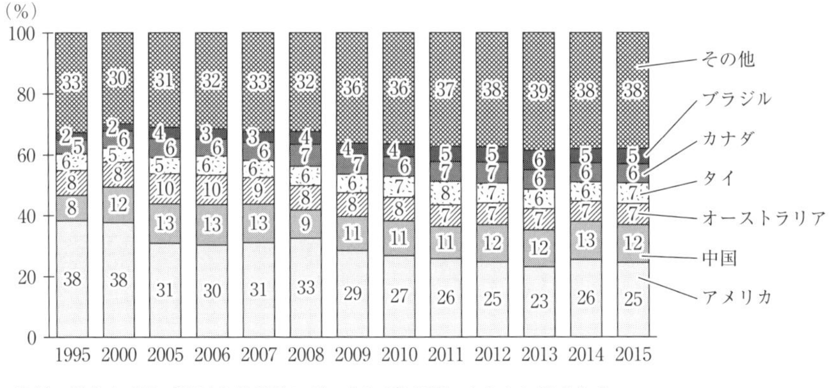

資料：農林水産省『海外食料需給レポート』（各年版）をもとに筆者作成

代には1ドルが360円だったのに対し、2010年代半ばでは110円程度となっており、輸入農産品の価格は、為替レートの変化だけでも3分の1以下に低下した。

　さらに、日本の相手国別に見た農産物輸入額割合の推移を図1-4に示した。長期的に見ると、日本の農産物の輸入相手国は、アメリカからその他の国々への多角化が進んでいる。具体的には、アメリカからの輸入額は、2000年頃には

全体の4割近くを占めていたのに対し、2015年には25％へと大きく低下している。また、オーストラリアからの輸入額の占める割合も、長期的にはやや低下傾向で推移している。これに対して、中国やカナダからの輸入額が占める割合は、ほぼ横ばいで推移し、タイやブラジルからの輸入額の占める割合は、緩やかに上昇傾向にある。

2 貿易の利益

　前節では、日本が世界有数の食料輸入国であることを説明したが、なぜ国内で生産できるものまで海外から輸入しているのだろうか。ここでは、自由貿易の利益について考えてみる。本書で「自由貿易」とは、引用を除いて、関税等の貿易障壁が存在しない仮想的な状況を指す。説明を単純にするために、日本とアメリカが、米と自動車のみを生産していると想定しよう。労働者1人が生産できる量は、米については、日本が3トンでアメリカが2トンなのに対して、自動車については、日本が4台でアメリカが1台とする。つまり、米でも自動車でも、労働者1人あたりの生産量は日本の方がアメリカよりも多い。この場合、日本は米と自動車の生産に絶対優位を持つという。さらに労働者の総数は、日本もアメリカも3万人ずつとし、両国ともに米の生産に1万人、自動車の生産に2万人を振り向けるとする。

　こうした前提の下で、自給自足と自由貿易の違いを表1-1に示した。まず、「自給自足」の場合には、米の生産量は、日本が3万トン、アメリカが2万トンで、合わせて5万トンとなる。また、自動車の生産量は、日本が8万台、アメリカが2万台で、合わせて10万台となる。自給自足では貿易が行われないので、日本とアメリカにおける米と自動車の消費量（自動車の場合は厳密には保有台数）は、生産量と同じになる。

　次に、「自由貿易」の場合を考えてみる。ここで、アメリカが米のみを生産する一方で、日本は自動車のみを生産すると想定する。この場合、生産量は、アメリカの米が6万トン、日本の自動車が12万台となる。両国の生産量の合計は、「自給自足」の場合と比べて、米が1万トン、自動車が2万台増えている。

表1-1　日本とアメリカにおける米と自動車の生産量と消費量

区　分	品目		日　本	アメリカ	合　計
自給自足	生産量＝消費量	米	3トン×1万人＝3万トン	2トン×1万人＝2万トン	5万トン
		自動車	4台×2万人＝8万台	1台×2万人＝2万台	10万台
自由貿易	生産量	米		2トン×3万人＝6万トン	6万トン（＋1万トン）
		自動車	4台×3万人＝12万台		12万台（＋2万台）
	貿易量	米	＋3.5万トン	－3.5万トン	0
		自動車	－3万台	＋3万台	0
	消費量	米	3.5万トン（＋5千トン）	2.5万トン（＋5千トン）	6万トン（＋1万トン）
		自動車	9万台（＋1万台）	3万台（＋1万台）	12万台（＋2万台）

注：貿易量の＋は輸入を、－は輸出を表す。

　その上で、貿易量の欄に示したように、アメリカが生産した米6万トンのうち3.5万トンを日本に輸出する一方で、日本が生産した自動車12万台のうち3万台をアメリカに輸出するとしよう。すると消費量は、米では日本が3.5万トン、アメリカが2.5万トンとなり、自給自足と比べて両国とも5千トンずつ増える。また、自動車では、日本が9万台でアメリカが3万台となり、自給自足と比べて両国とも1万台ずつ増える。

　このように、アメリカが米、日本が自動車の生産に特化しその一部を交換すれば、両国ともに消費量が増えて利益を得る。これが**貿易利益**である。ここで、アメリカは米、日本は自動車にそれぞれ**比較優位**を持つという。さらに日本では、自動車は比較優位を持ち、輸出品を生産する**比較優位産業**なのに対して、米は比較優位を持たず、輸入品に代替される**比較劣位産業**である。絶対優位ではなく比較優位に基づく生産の特化と交換が貿易利益を生むという考え方は**比較生産費説**と呼ばれる。ここで本節冒頭の問いに戻ると、日本が多くの食料を海外に依存しているのは、総じて日本は農業に比較優位を持っておらず、より効率的に生産できる国から農産物を輸入することによって、日本と相手国の双方にとって利益になるからである。

　では、比較優位を持つ産業はどうしたらわかるのだろうか。表1-1の例を用いると、自動車1台の代わりに生産できる米の量は、日本が0.75トン（＝3トン÷4台）なのに対して、アメリカは2トン（＝2トン÷1台）である。つま

り自動車を基準に比較すると、アメリカの方が日本より多くの米を生産することができる。他方で、米を基準に同様の計算をすると、米1トンの代わりに生産できる自動車の台数は、日本が1.33台（＝4台÷3トン）なのに対して、アメリカでは0.5台（＝1台÷2トン）で、日本の方がアメリカより多くの自動車を生産することができる。つまり、アメリカは日本に比べてより効率的に生産できる米に比較優位を持ち、日本はアメリカに比べてより効率的に生産できる自動車に比較優位を持つ。

ただし、貿易利益の実現には重要な仮定が隠されている。表1-1の「自給自足」から「自由貿易」に移行する際に、日本では、米の生産に従事していた1万人の労働者が自動車の生産に移動する一方で、アメリカでは、自動車の生産に従事していた2万人の労働者が米の生産に移動しなければならない。しかし、両者の生産地や必要な技能等は異なるので、この仮定は短期的には成立しない。他方で中期的には、職業訓練を受けて労働者が転職することや、より長期的には、米農家の子弟が自動車会社に就職すること（やその逆）は十分にありうる。このように貿易利益は、比較劣位産業から比較優位産業へ労働者が移動することが前提で、そうした前提は少なくとも短期的には成立しないことに留意が必要である。

3 日本の貿易構造の変遷

日本が農産品を輸入に依存しているのであれば、何を輸出しているのだろうか。この点を確認するために、図1-5には農林水産品と鉱工業品に分けた日本の輸出入額を示した。2016年の日本の輸出額は約70兆円なのに対し、輸入額は約66兆円となっている。このうち、自動車や機械類のほかに原油や石炭等を含む鉱工業品は、一時期を除いて輸出額の方が輸入額よりも多く、2016年の収支は約12兆円の黒字となっている。これに対して農林水産品は、常に輸入額の方が輸出額よりも多く、2016年の収支は約8兆円の赤字となっている（上記のように、農林水産品の輸出額は極めて少なく、図では埋没している）。

では、さらに昔にさかのぼると、日本の貿易構造はどうなっていたのだろう

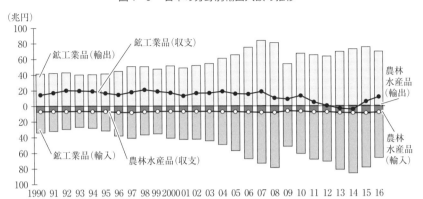

図1-5　日本の分野別輸出入額の推移

資料：財務省「貿易統計」、農林水産省「我が国の農林水産物輸出入実績」をもとに筆者作成

表1-2　日本の輸出入額上位5品目の推移

時期	順位	輸出品		輸入品	
		品名	構成比(%)	品名	構成比(%)
1900年	1	生糸	21.8	実綿、繰綿	20.7
	2	綿織糸	10.1	砂糖	9.3
	3	石炭	9.8	鉄類	7.4
	4	絹織物	9.1	綿織物	6.4
	5	製茶	4.4	毛織物	6.2
1930年	1	生糸	28.3	綿花	23.4
	2	綿織物	18.5	原粗油	5.8
	3	水産物	6.0	羊毛	4.8
	4	絹織物	4.5	木材	3.4
	5	衣類	3.9	化学肥料	2.8
1960年	1	鉄鋼	9.6	原粗油	10.7
	2	綿織物	8.7	綿花	9.6
	3	船舶	7.1	羊毛	5.9
	4	衣類	5.4	鉄鋼くず	5.1
	5	魚介類	4.3	鉄鉱石	4.8
1990年	1	自動車	17.8	原粗油	13.5
	2	事務用機器	7.2	繊維製品	5.5
	3	半導体等電子部品	4.7	魚介類	4.5
	4	映像機器	4.6	非鉄金属	4.2
	5	鉄鋼	4.4	石油製品	4.1

資料：若杉隆平（2001）『国際経済学』（第2版）岩波書店をもとに筆者作成

か。表1-2には、日本の上位5位の輸出品と輸入品の推移を1900年から30年刻みで示した。これによれば、1900年（明治33年）には、日本の輸出額の第1位は農産品の生糸で、輸出総額の2割以上を占めていた。また、4位の絹織物は生糸を原料としたもので、5位には製茶が入っており、この時代の主要な輸出品は、農産品やその加工品だった。それから30年後の1930年（昭和5年）でも、主要な輸出品には大きな変化がないうえに、水産物も3位に登場しており、農林水産品が依然として輸出の上位を占めている。このように、1900年代前半の日本は、現代とは対照的に、主要な輸出品は農産品が占めていた。

これに対して、日本が中進国と呼べる段階に入った1960年（昭和35年）には状況は一変した。すなわち、主要な輸出品は鉄鋼や船舶といった重工業品や綿織物、衣類といった軽工業品が占める一方で、輸入品は原粗油、綿花、羊毛、鉄鉱石のような工業品の原材料が中心となった。さらに、日本が1960年代半ばに先進国の仲間入りをしてから20年以上が経過した1990年（平成2年）になると、日本の貿易構造はさらに変化した。具体的には、主要な輸出品は自動車、事務用機器、電子部品のような加工組立型の工業製品が中心となったのに対して、輸入品は従来の原粗油や非鉄金属のような原材料に加えて、繊維製品や石油製品のような完成品も輸入に依存するようになっている。つまり、輸出入の品目構成は変化しうるのである。

4 貿易構造の決定要因

前節の例から、現在では主に工業品を輸出して農産品を輸入している日本も、1900年代の前半までは農産品の輸出国だったことがわかった。これは、日本がどの品目を輸出し、どの品目を輸入するかという貿易構造の要因を考える上で、とても興味深い事例である。というのは、「なぜ現在の日本が多くの食料を輸入しているのか」という問いに対して、「日本は土地が狭いから」という答えでは不十分なことを示しているからである。日本の国土面積は100年前とあまり変わっていない。にもかかわらず、日本は以前には農産品に比較優位を持っていたのに対して、これまで見てきたように、現在では比較優位を持っていな

いのはなぜだろうか。

　この疑問に答えるために、表1-3には、日本とアメリカにおける農地面積と労働者数を示した。土地、労働、資本は、農産品や工業品の生産に必要な生産要素である。ここでは、機械や設備を含む資本は省略し、農地面積と就業者数のみを考慮する。農地面積は、日本が420万haなのに対してアメリカは1億5,226万haで、アメリカは日本の36倍もある。また労働者数は、日本が6,440万人なのに対してアメリカは1億5,144万人で、アメリカは日本の2.4倍となっている。さらに、これらの数値を用いて、労働者数1人あたりの農地面積を計算すると、日本は0.07haと極めて小さいのに対し、アメリカは1.0haと大きい。逆に、農地面積1haあたりの労働者数は、日本は15.3人と多いのに対し、アメリカは1.0人と少ない。

表1-3　日本とアメリカの生産要素の比較（2015年）

	日本	アメリカ
農地面積（万ha）①	420	15,226
労働者数（万人）②	6,440	15,144
労働者数1人当たりの農地面積（ha）①／②	0.07	1.0
農地面積1ha当たりの労働者数（人）②／①	15.3	1.0

資料：総務省『世界の統計2018』をもとに筆者作成

　表1-3から、「国」に着目すると、日本は相対的に労働者が豊富な労働豊富国なのに対して、アメリカは相対的に農地が豊富な土地豊富国であることがわかる。このため、日本では労働者の賃金が相対的に安くなるのに対し、アメリカでは農地の価格である地価が相対的に安くなる。他方で、「品目」に着目すると、穀物等の農産品は生産に多くの農地が必要な土地集約財なのに対し、工業品は生産に多くの労働者が必要な労働集約財である。このため、表1-4に示したように、土地豊富国のアメリカは、土地集約財を安く生産できるため農産品に比較優位を持つ一方で、労働豊富国の日本は、労働集約財を安く生産できるため工業品に比較優位を持つ。このように、貿易構造が生産要素の相対的な存在量で決まるという考え方を**生産要素賦存説**と呼ぶ。

表1-4　生産要素賦存説の考え方

		国	
		土地豊富国（アメリカ）	労働豊富国（日本）
品目	土地集約財（農産品）	比較優位	比較劣位
	労働集約財（工業品）	比較劣位	比較優位

第2節で紹介した比較生産費説では、比較優位の源泉は生産効率の違いなのに対し、生産要素賦存説では生産要素の存在量の違いである。この説は、工業品を輸出して農産品を輸入する日本の現在の貿易構造（図1-5）や、主な輸出品の変化（表1-2）と符合している。1900年代前半の日本では、（熟練）労働者に対して農地が相対的に豊富だったため、それを多く用いる農産品に比較優位があった。他方で、1990年代後半には、農地に対して（熟練）労働者が相対的に豊富になったため、それを多く用いる工業品に比較優位を持つようになった。つまり、比較優位を決めるのは、生産要素の絶対量ではなく相対的な比率であり、以前の日本のように、農地が少ない国でも（熟練）労働者がさらに少なければ、農産品に比較優位を持ちうる。

5　貿易交渉の必要性

　第2節の例では、日本が自動車、アメリカが米の生産に特化した上で、自動車と米を交換することで、双方が利益を得ることを示した。しかし実際には、各国は輸入品に関税と呼ばれる税金を課し、貿易を制限している。図1-6には日本とアメリカの平均関税率を示した。農産品の平均関税率は、日本は18%と高いのに対し、アメリカは4.9%と低い。他方で工業品の平均関税率は、日本は2.5%なのに対し、アメリカは3.2%と相対的に高くなっている。つまり、比較優位を持たない部門により高い関税を課して保護している。本来は望ましいはずの貿易が関税で制限されている、という理想と現実との乖離はなぜ生じ、どうしたら埋められるのだろうか。本節では、そうした乖離を埋める上で貿易交渉が果たす役割を明らかにする。

　ここでは、再度日本とアメリカの両国が米と自動車のみを生産している事例を考える。日本は、自動車の関税はゼロだが米には関税を課しており、反対にアメリカは、米の関税はゼロだが自動車には関税を課しているとしよう。その上で、日本が米の関税を撤廃し、アメリカが自動車の関税を撤廃する交渉を行うと想定する。両国における生産者の損益は、表1-5に示したとおりである。まず、日本が米関税を撤廃すると、日本の生産者は-10の損失を被るのに対し、

図1-6　日本とアメリカの平均関税率（2017年）

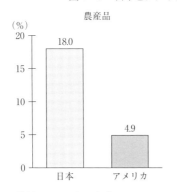
農産品

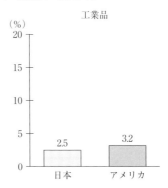
工業品

資料：WTO（2018）『World Tariff Profile 2018』をもとに筆者作成

アメリカの生産者は＋20の利益を得るとする。他方で、アメリカが自動車の関税を撤廃すると、日本の生産者は＋20の利益を得るのに対し、アメリカの生産者は

表1-5　関税撤廃に伴う生産者の損益

	米	自動車	合計
日本	−10	＋20	＋10
アメリカ	＋20	−10	＋10

−10の損失を被るとする。つまり、両国が米と自動車の関税を相互に撤廃した場合は、国全体ではともに＋10の利益を得る。

日本とアメリカがとり得る戦略は「関税撤廃」と「関税維持」の2通りで、全体では4通りの組み合わせがありうる。その損益を表1-6に示した。まず右下では、日本は米、アメリカは自動車の関税を維持し、両国の追加的な損益はともに0である。次に右上では、日本は米の関税を撤廃する一方でアメリカは自動車の関税を維持し、日本の損益は−10（米−10・自動車0）、アメリカの損益は＋20（米＋20・自動車0）となる。さらに左下では、日本が米の関税を維持する一方でアメリカは自動車の関税を撤廃し、日本の損益は＋20（米0・自動車＋20）、アメリカの損益は−10（米0・自動車−10）となる。最後に左上では、日本は米、アメリカは自動車の関税をともに撤廃し、両国の損益は表1-4の合計と同じ

表1-6　日本とアメリカの損益

		アメリカの自動車			
		関税撤廃		関税維持	
日本の米	関税撤廃	＋10	＋10	−10	＋20
	関税維持	＋20	−10	0	0

注：各欄の左側が日本、右側がアメリカの利益を指す。

くともに+10となる。

　表1-6の例では、日本は米、アメリカは自動車の関税を撤廃し、ともに+10の利益を得るのが両国にとって最善である。しかし、アメリカが自動車の関税を維持しつつ日本が米の関税を撤廃すれば（表の右上）、日本だけが損をする。また、日本が米の関税を維持しつつアメリカが自動車の関税を撤廃すれば（表の左下）、アメリカだけが損をする。この場合、両国ともに自国だけ損をするのは避けたいので、実際には関税の維持を選択し、**貿易利益**は得られない。他方で、日本の米とアメリカの自動車の関税撤廃を結びつけ、同時に撤廃することを約束すれば、両国ともに利益が得られる。このように、**貿易交渉**の意義は、自国にとって最適な行動が他国の行動に依存している場合に、ともに利益を上げる仕組みを作ることにある。

　ここで、第2節（表1-1）と本節（表1-5）の例では、前提条件が違うことに留意が必要である。第2節では、自給自足から自由貿易への移行に伴って、**比較劣位産業**に従事していた労働者は**比較優位産業**に瞬時に移動するため、損失は発生しないと想定していた。他方で本節では、労働者は部門間を移動せず、関税撤廃により日本の米とアメリカの自動車の生産者は失業するため、ともに-10の損失が発生すると想定している。つまり、関税撤廃後に日本の自動車やアメリカの米の生産拡大に必要な労働力は、国内の他から確保されると仮定している。労働者が異なる部門間を瞬時に移動するのは非現実的で、本節の想定がより現実に近い。各国は関税の撤廃には損失を伴うと考えているからこそ、その自発的な撤廃は困難であり、貿易交渉が存在するのである。

6 食と農の貿易ルールを学ぶ意義

　前節では、互恵的な関税撤廃を同時に約束することで、各国が相互に関税を課している現実を打破し、自由貿易の理想に近づけるという**貿易交渉**の意義を説明した。こうした約束の内容は、関税の撤廃ではなく削減の場合もあり、関税以外の貿易障壁が対象となることもある。いずれの場合でも、こうした国同士の貿易に関する合意は**貿易協定**という形式をとるのが一般的である。貿易協

定には、貿易自由化に関する合意内容に加えて、合意をめぐって紛争が起こった場合の解決方法等の協定実施のための規則も含まれる。さらに、最近の貿易協定には、物品の貿易以外の経済活動に関する様々なルールが盛り込まれることも増えている。本書のタイトルにある貿易ルールとは、貿易協定に含まれる貿易の自由化やルールに関する約束の総称である。

　国家間の合意である貿易協定がカバーする範囲は、「対象分野」と「枠組み」を基準に分類することができる。まず、対象分野としては、「貿易の自由化」と「ルールの整備」に大別される。貿易は、目に見える物品の貿易と、目には見えない旅行、金融取引、情報通信等のサービスの貿易からなり、「貿易の自由化」とはこれらの貿易に対する関税等の障壁の削減を約束することである。他方で「ルールの整備」とは、貿易とは直接関係しない分野も含めたルールの策定をいう。例えば、特許権や著作権といった知的財産権は各国が独自の法令で保護しているが、貿易ルールの一環として、協定の参加国に適用される一定の共通ルールを定める動きがある。これに対して、枠組みに関しては、「二国間」、3カ国以上が参加する「地域間」、世界の大半の国々が参加する「多国間」に分けられる。

　こうした中で、食料と農業に関する貿易ルールは大きく変化している。1980年代までは、対象分野は主に関税を中心とする貿易障壁であり、枠組みは多国間の「関税と貿易に関する一般協定」（GATT）が中心だった。しかし1990年代以降になると、貿易ルールの対象分野は、食品の安全性や知的財産権の一つである地理的表示（→第8章）といった食料の質的な側面に拡大してきた。また枠組みに関しても、従来の多国間一辺倒ではなく、二国間や地域間の貿易協定が多く締結されるようになった。このように、食料と農業の貿易ルールは、対象分野と枠組みが重層的に拡大し、日々のニュースに取り上げられることも増えてきた。その典型が、2010年代の前半に大きな論争を呼んだTPP協定（→第11章）である。

　貿易ルールが論争を呼び、日々のニュースにも良く取り上げられるのは、国民生活や経済活動に大きな影響を及ぼすためである。貿易相手国の関税が撤廃されれば日本からの輸出が増加し、企業や地域経済に良い影響があるかもしれ

ない。他方で、日本の農産品の関税が撤廃されれば、海外からの輸入が増加し、農家や地域経済に悪影響があるかもしれない。さらに、消費者にとっても、関税の撤廃によって輸入食料が安くなるというメリットがある一方で、輸入食品の安全性に不安を持つ人もいるだろう。このように、貿易ルールの影響を受けない国民はほとんどいないといっても良いだろう。このため、食料や農業に関心を持つ者はなおさら、これらに関する貿易ルールを学ぶことが欠かせないのである。

7 おわりに

　日本人は、貿易から大きな恩恵を受けている。2017年度を対象とした農水省の試算（食料自給力指標の各パターンにおける食事メニュー例）によれば、平均的な日本人が摂取している1日あたりのエネルギーを国内のみで供給しようとすれば、三度の食事はいも類が中心となり、牛乳は5日ごとにコップ1杯しか飲めず、鶏卵は34日ごとに1個、食肉は15日ごとに7gしか食べることができない。こうした想像を絶する貧弱なメニューと、現在我々が享受している豊かな食生活との差を埋めているのが、膨大な食料輸入であることは本章で紹介したとおりである。

　他方で、本章の第2節で例示したような、完全な自由貿易も実際には存在しない。2017年の時点で輸入品に関税を課していないのは、世界貿易機関（WTO）に加盟する148の国や地域の中では香港とマカオしかない。現在は中国の一部である両地域は、植民地時代に自由貿易港として発展した特殊例で、他の独立国に当てはめることはできない。その上で、世界中のほぼ全ての国で、**比較生産費説に反する関税が課されている**のは、各国が**比較劣位産業の維持に貿易利益以外の価値を見いだしている**からである。

　このように、貿易のメリットを活かしつつ、他の政策目的との整合性を確保するのが貿易ルールの役割である。特に、食料と農業の貿易ルールは、従来の多国間での関税分野から、最近では対象分野と枠組みが重層的に拡大し、TPP協定に代表されるように社会的な関心も高まっている。本書では次章以

降で、多国間、二国間、地域間の貿易ルールについて、順を追って解説する。

本章のまとめ
1. 日本の農産物純輸入額は世界2位で、相手国別の輸入額割合は、アメリカが減少する一方で、タイやブラジルが増加している。
2. 比較生産費説によれば、日本が農産物で輸入超過なのは、日本に比較優位がない農産物を輸入することで、貿易利益が得られるからである。
3. 日本は、現在では工業品が輸出超過で農林水産品は輸入超過となっているが、1900年代の前半までは農産物の輸出国だった。
4. 生産要素賦存説によれば、農地と労働者の相対的な存在量が変化したため、日本の比較優位産業が農業から工業へと転換した。
5. 比較劣位産業での損失への懸念から自発的な関税撤廃は困難で、貿易交渉による相互約束で、輸出入国の双方が利益を得ることができる。
6. 貿易ルールは主に貿易協定の形で約束され、国民生活や経済活動に大きく影響する食と農に関する貿易ルールを学ぶことが必要である。

 キーワード解説

純輸入額：その国の輸入額から輸出額を差し引いた純粋な輸入額。
絶対優位：1つの物品の生産効率を二国間で比較し、生産効率が絶対的に高い国がその物品の生産に優位性を持つという考え方。
比較優位：2つの物品の生産効率を二国間で比較し、生産効率が相対的に高い国がその物品の生産に優位性を持つという考え方。
貿易利益：2カ国が各々に比較優位を持つ物品の生産に特化し、その一部を交換することによって、両国ともに消費量が増えることに伴う利益。
比較優位産業：その国の生産効率が他国よりも相対的に高いため比較優位を持ち、輸出する物品を生産する産業。
比較劣位産業：その国の生産効率が他国よりも相対的に低いため比較優位を持たず、輸入する物品を生産する産業。
比較生産費説：絶対優位ではなく、比較優位に基づいた物品への生産の特化と交換が貿易利益を生むという説。

生産要素賦存説：各国は、相対的に豊富な生産要素を多く用いる物品を輸出し、相対的に希少な生産要素を多く用いる物品を輸入するという説。
貿易交渉：関税等の貿易障壁の削減や貿易に関するルールの策定のために国家間で行われる交渉で、二国間、地域間、多国間に分けられる。
貿易協定：貿易交渉の結果やその実施のための規則等を、国家間の合意として法的拘束力ある文書の形で約束したもの。
貿易ルール：貿易協定に含まれる貿易の自由化やルールに関する約束の総称。

❓ 考えてみよう

1. 表1-1に関連して、日本が米の生産に特化し、アメリカが自動車の生産に特化した場合、つまり各国がそれぞれの比較劣位産業に特化した場合の生産量を計算してみよう。
2. 表1-2に関連して、日本の主な輸出品が農産品から工業品に移った理由について、生産要素賦存説の考え方を用いて説明してみよう。

▶ さらに学びたい人のために

農林水産省（2017）『海外食料需給レポート2016』
　最新の穀物等の国際需給の動向分析が中心だが、日本の農産物貿易の動向に関する豊富なデータを掲載している。

石川城太・椋寛・菊地徹（2013）『国際経済学をつかむ』（第2版）有斐閣
　第1章（比較優位）で、比較優位や貿易利益等について本章より詳しく解説している。また、第2章（部分均衡分析）では、生産要素賦存説に関する説明もなされている。

世界共通の貿易ルール

── GATTからWTOへ

第2章 GATTの歴史と基本原則
――「地産地消」も国際ルールに違反するのか

🗝 キーワード

関税／譲許／従価税／従量税／数量制限／最恵国待遇／特恵関税／
後発開発途上国／内国民待遇

📰 新聞記事で学ぶ：「地産地消」は
国際ルールに違反するの？

　国産木材をもっと使ってもらうために農林水産省が［2013年］4月から始めた「木材利用ポイント制度」について、カナダと欧州連合（EU）など5カ国が、世界貿易機関（WTO）のルールに抵触する恐れがあると主張していることがわかった。WTOでは、輸入品と国産品を平等に扱うことを定めている。農水省は近く、WTO事務局に説明書を提出する。

　同制度は、スギやヒノキなど地域でとれた木材を一定量使用する新築木造住宅や木材製品を買った場合に、最大60万円分のポイントがもらえる。全国で使える商品券や地域の農林水産品に交換できる。商品券などの原資として、2012年度補正予算で410億円が用意された。

　7月からポイントの申請が始まり、現時点で申請は約600件。この制度にあやかろうと、複数の大手住宅メーカーも建材を国産材に切り替えるなど、一定の経済効果も出始めている。

> しかし、7月にジュネーブで開かれたWTOの物品理事会で、ルールに抵触する恐れがあるとカナダとEUが共同提案した。輸入品と国産品の差別を禁じるルール（内国民待遇原則）に抵触するとの主張と見られる。これに、ニュージーランド、米国、マレーシアが口頭で賛同したという。
> 　農水省によると、対象となる木材は①産地が証明される木材②資源量が増加しているもので、有識者でつくる委員会が対象として適切と認めたものなどとなっており、「外国産を排除する仕組みにはなっていない」（林野庁木材利用課）という。（後略）
>
> 　　出所：朝日新聞朝刊（2013年9月27日）「日本の促進策『WTOに抵触』」（小山田研慈）から引用。
> 　　　［　］内は筆者による注。

本章で学ぶこと

　仮に、木材利用ポイント制度が国際ルールに違反するのであれば、地域で生産された農産物等をその地域で消費する「地産地消」への支援も違反になるのだろうか。本章では、こうした問題を足がかりに、物品貿易の国際ルールであるGATTの歴史と基本的な原則について学ぶ。

1　GATTの経緯と役割

　「関税と貿易に関する一般協定」（General Agreement on Tariffs and Trade：GATT）は、農産品を含む物品の貿易ルールを定めた国際協定である。現在では、第3章で解説するWTO設立協定の一つとされているため、WTOのルールでもある。いずれにしても、物品貿易に関するルールの中核がGATTであることには変わりがない。またGATTには、本章で紹介する「内外差別の禁止」のような他のWTO協定にも共通する規範や、本書の第9章以降で取り上げるFTAの根拠も含まれている。このようにGATTは、多国間や特定国間

の貿易ルールを理解する上で欠かせないことから、本章ではその創設の経緯と基本原則を説明する。

まず、GATTが創設された経緯は次のようなものである。1929年のアメリカでの株価大暴落を契機として、世界的な大恐慌が発生した。こうした中で、アメリカでは1930年にスムート・ホーレイ関税法が成立し、恐慌に苦しむ国内産業を保護するために、輸入品に対して高関税を適用した。これを受けて、イギリス、日本、ドイツ等が排他的な経済圏を創設して対抗し、経済のブロック化が進展した。こうした保護貿易主義の高まりによる各国間の対立の激化は、1939年に勃発した第2次世界大戦の要因ともなった。

一方で、アメリカやイギリスを中心とする連合国は、第2次世界大戦中から戦後の経済体制について協議を進めていた。1941年にアメリカとイギリスが調印した太平洋憲章は、後のGATT構想の基礎となった。1944年には、44カ国が参加してブレトン・ウッズ会議が開催されたが、貿易機構の設立は先送りされた。そこでアメリカは、1945年に国際貿易機関（International Trade Organization：ITO）の設立を提唱し、1948年にはアメリカ等の53カ国がITOの創設を含む広範な分野の自由化を盛り込んだITO憲章に調印した。しかし、ITO憲章はアメリカ議会での批准には至らず、未発効に終わった。

他方で1947年には、アメリカの主導で23カ国が関税の削減交渉を実施し、合意に至った。この成果を速やかに実現するために、参加国は当時交渉中のITO憲章から物品貿易部分を抜き出して、「GATTの暫定適用に関する議定書」として採択し、1948年から適用した。その時点では、追ってITO憲章が発効することによって、GATTの暫定適用は終了する予定だったが、ITO憲章が未発効に終わったため、GATTが恒久的な性格を持つことになった。

こうした複雑な経緯を反映し、1995年にWTOが発足するまでのGATTは、次の3つの役割を併せ持っていた。第1は物品貿易に関するルールを定めた国際条約としての役割である。「関税と貿易に関する一般協定」という正式名称がそれを表している。第2は、国際条約の事務局としての役割である。1995年にWTOが発足するまで、GATT事務局と呼ばれていた組織の正式名称は「ITO設立準備委員会」であった。第3は、貿易交渉の場としての役割である。

1948年のGATTの発足以降、ラウンド（→第3章）と呼ばれる加盟国間の関税削減交渉が何度も行われ、その場を提供したのがGATTだった。

2 GATTの目的と基本原則

　GATTの前文では、その目的として、①生活水準の向上、②完全雇用の実現、③所得と需要の増大、④資源の完全な利用の促進、⑤物品の生産と交換の拡大、の5点が挙げられている。その上で、これらの目的を実現するために、①関税その他の貿易障害の実質的な低減、②国際通商における差別待遇の撤廃、に取り組むこととされている。ここでは、これら2つの取組みをまとめて「貿易自由化」と呼ぶと、それを実現する上でGATTに内在する基本原則には、①関税の譲許、②数量制限の禁止、③特定国の差別を禁止する最恵国待遇、④内外差別を禁止する内国民待遇の4つがある。

　同時にGATTでは、これらの原則が適用されない包括的な例外を認めている。包括的な例外には2つの類型があり、第1は一般的な例外である（GATT20条）。具体的には、公的秩序の確保、国宝の保護、有限天然資源の保存等を目的とする場合には、恣意的・差別的な方法や偽装された貿易制限となる方法で適用しないことを条件に、輸入制限等が認められている。特に、食料や農業と関連が深いのは、「人や動植物の生命・健康の保護のために必要な措置」（GATT20条(b)）であり、例えば病気に感染した動植物の輸入禁止はGATTで認められている。

　第2は、安全保障上の例外である（GATT21条）。例えば同条の(c)では、国際の平和や安全の維持のため国連憲章に基づく義務に従う措置をとることを妨げないと規定しており、国連の決定に基づく加盟国への貿易制裁等が該当する。他方で同条(b)では、「加盟国」が「自国の安全保障上の重大な利益の保護のために必要」と認める場合には、戦時その他の国際関係の緊急時のための措置等をとることを妨げない旨の規定もある。この場合は、例外措置の必要性を判断する主体は「加盟国」とされていることから、安全保障を理由にすれば、特定国に対する関税引き上げのような、後述するGATTの基本原則に反する措置

も正当化されるかが問題になる。

以下では、GATTの4つの基本原則の内容とその例外について、順に見ていこう。

3 関税の譲許

関税は、「物品の輸出入に対して課される税金」であり、通常は物品の輸入に課される輸入関税を指すことが多い。このため、物品の輸出に対して課される税金を特に輸出税という。また個々の品目に関して、一定の上限を超える関税を課さないと他国に約束することを**譲許**（じょうきょ）といい、この上限を譲許税率と呼ぶ。GATT上は、関税を譲許する義務はないものの、いったん譲許すれば譲許税率よりも高い関税を課すことはできない（GATT2条）。他方で、譲許税率の範囲内で関税を自主的に下げるのは当事国の自由であり、実際の適用税率を実行税率と呼ぶ。GATTでは、譲許した品目の関税率を各国の譲許表に掲載した上で、加盟国間の交渉による譲許税率の削減を通じて、漸進的に貿易の自由化を進めてきた。

関税の目的は二つに大別される。第1は、国家の財源確保を目的とする財政関税である。租税制度が未整備な開発途上国では、関税は今でも重要な歳入源である。第2は、国内産業の保護を目的とする保護関税である。関税を課すことによって同種の輸入品の国内価格はその分だけ上昇するため、輸入量が減少して国内生産量が増加する。これが関税による国内産業の保護効果である。今日では、日本を含む多くの国々で、関税の主な目的は国内産業の保護となっている。

関税の種類は、従価税と従量税に大別される。まず、関税を価格に応じて課すのが**従価税**である。例えば日本のトマトの関税率は3％で、それを100万円分輸入すると、関税額は100万円×3％＝3万円になる。従価税は、輸入品の価格に応じて関税額が変化するため、インフレーションで貨幣価値が下落しても保護効果が維持されるというメリットがある。これに対して、関税を数量に応じて課すのが**従量税**である。例えば日本の小麦の関税率は1kg当たり55円で、

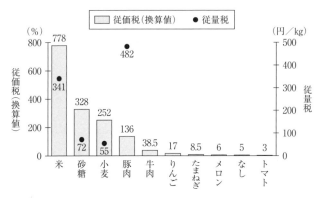

図2-1 日本の主な農産品の関税率

資料：農林水産省「WTO農業交渉の主な論点」（2011年7月）他をもとに筆者作成

それを1トン輸入すると、関税額は1トン×55円／kg＝5.5万円となる。従量税は、単価が安い開発途上国からの輸入品に対しても国内産業を保護する効果が高く、農産品で多用されている。

　従価税はパーセントで表示されているため、異なる品目間の比較は容易である。他方で、日本の多くの農産物に適用されている従量税は数量当たりで表示され、数量1単位当たりの価格は品目ごとに異なるため、異なる品目間での関税率をそのまま比較することはできない。このため、次のような方法で従量税を従価税に換算することができる。上記の小麦の例では、仮に、輸入価格を22円／kgとすると、従価税は、従量税額(55円／kg)÷輸入価格(22円／kg)×100＝250％となる。ただし、従量税の従価税換算値は、換算に用いる輸入価格に左右されるため、あくまで試算に過ぎない点に留意が必要である。

　図2-1には、日本の主な農産物の関税率を示した。野菜や果実には従価税が適用されており、その税率は数パーセントから十数パーセントと比較的低い。これに対して、穀物や畜産物には従量税が適用されているケースが多く、従価税への換算値は数百パーセントとかなり高い。

4 数量制限の禁止

　数量制限とは、「政府が輸出入の数量に制限を課すこと」である。数量制限には、輸出入の数量に上限を設けること（割当）だけでなく、輸出入を完全に禁止すること（禁輸）や、輸出入に際して許可を必要とすること等も含まれる。

そこで、GATTの数量制限の禁止とは、国内産業の保護は原則として関税で行うべきで、輸出入に対する関税以外の措置は禁止するという原則である（GATT11条）。

　GATTが数量制限を禁止しているのは、関税と比べて弊害が大きいからである。第1は貿易制限性である。関税では、輸入価格が低下すると課税後の国内価格もそれに応じて低下し輸入量は増加する。他方で数量制限では、あらかじめ輸入量は固定されており、輸出国がいくら価格を下げても輸出量は増えない。このように、関税による保護は弾力的なのに対し、数量制限による保護は硬直的で、貿易制限効果がより大きい。第2は透明性である。関税は、その水準が数値で表されているため透明性が高いのに対し、数量制限は、複雑な法令で規定されることによって不透明になりがちで、輸入国側の裁量で輸入品を差別する裁量の余地が大きい。こうした理由で、GATTでは保護の手段を関税に限定している。

　他方で、GATTの数量制限の禁止には多くの例外がある。この中で特に重要なのは、食料等の輸出制限である。GATTでは、「食料等の輸出国にとって不可欠な産品の危機的な不足の防止や緩和のための一時的な輸出数量制限」を明確に容認している（GATT11条2項(a)）。つまり、食料に関しては、輸入に対する数量制限は禁止されているが、輸出に対する数量制限は認められている。この点は、食料の輸入大国である日本の関心事でもあり、第3章以降で再度取り上げる。その他にも、輸入急増時に国内産業を保護（セーフガード）するための輸入制限（GATT19条）や、GATTの規定に違反した国に報復するための輸入制限（GATT23条）等も認められている。

　このように、GATTでは数量制限の禁止が建前であるが、輸入品を中心に、この原則に違反しかねない数量制限が適用されている例は多い。図2-2には、日本の輸入数量制限品目の推移を示した。日本がGATTに加盟したのは1955年である。その時点では、日本は農産物を中心に多くの品目で輸入数量制限を行っていたが、その後徐々に削減を進めてきた。本書の執筆時点で残っているのは、海藻等の水産物5品目のみである。

図2-2　日本の輸入数量制限品目数の推移

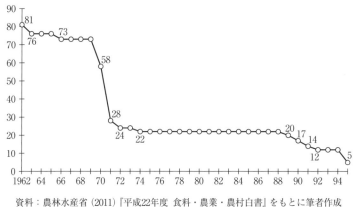

資料：農林水産省（2011）『平成22年度 食料・農業・農村白書』をもとに筆者作成

5 特定国の差別を禁止する最恵国待遇

　最恵国待遇（Most Favored Nation Treatment：MFN）とは、「税金や法令に関して、ある国のある産品に与えている最も有利な待遇を、他国の同じ産品に与えること」である（GATT1条）。異なる加盟国間の差別を禁止し、平等に扱うことを義務づけていることから、無差別原則とも呼ばれる。最恵国待遇の原則は関税に限らず、それ以外の税金や法令にも広く適用される。また、法令で特定国の産品を他国の産品よりも不利に扱うこと（法律上の差別）だけでなく、特定国の産品が他国の産品よりも結果的に不利な扱いを受けるような措置（事実上の差別）も禁止されている。

　図2-3には、日本がりんごをアメリカと中国から輸入するケースを示した。

図2-3　最恵国待遇への違反例

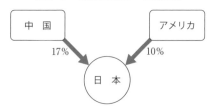

最恵国待遇の原則では、日本はアメリカと中国のりんごに対して同率の関税を課す必要がある。仮に、日本がアメリカに対して10％、中国に対して17％の関税を課したとすると、日本はアメリカに与えている最も有利な待遇を中

国には与えていないため、最恵国待遇の原則に違反する。つまり、仮に日本がアメリカとの交渉でりんごの関税を17%から10%に下げた場合、中国を含む全ての国々に対してりんごの関税を10%にする必要がある。このように、最恵国

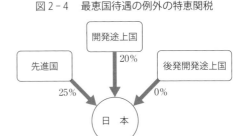

図2-4　最恵国待遇の例外の特恵関税

待遇は、大国間での交渉結果が他国にも適用され、貿易自由化を促進する効果がある。

　他方で、GATTの最恵国待遇原則にも例外がある。その一つは開発途上国に対する**特恵関税**である。これは開発途上国からの輸入品に対して、先進国からの輸入品よりも低い関税を適用する制度である。この制度は、アフリカを中心に多くの旧植民地が独立した1960年代以降、開発途上国の経済発展を促進するために、開発途上国から先進国への輸出拡大に対する優遇措置を求める声が高まったことを受けて、1979年にGATTに位置づけられた。しかし、輸入相手国に応じて関税率を変えることは、無差別原則に反することには変わりがない。このため、特恵関税を最恵国待遇の例外と位置づけるGATT加盟国の決議（授権条項）により、その存在が正当化されている。

　特恵関税の具体例を図2-4に示した。本書の執筆時点での日本のバナナに対する関税率は、先進国には25%、開発途上国には20%、後発開発途上国には0%（無税）と3種類に分かれている。ここで**後発開発途上国**とは、1人あたり所得等の基準に基づいて国連が認定した特に開発の遅れた国々で、2017年時点で47カ国が対象とされている。このように、日本のバナナの関税率は、先進国と開発途上国の間だけでなく、開発途上国の間でも異なっており、最恵国待遇税率である25%の関税率が適用されている国々は実際には少ない。

　最恵国待遇のもう一つの例外は**地域貿易協定**（Regional Trade Agreement：RTA）で、これには自由貿易協定（Free Trade Agreement：FTA）と関税同盟（Customs Union）（→第9章）が含まれる。地域貿易協定については第9章以降で詳しく説明するが、いずれも参加国の間では関税を削減・撤廃するのに対し

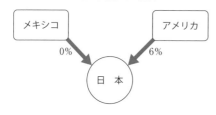

図 2-5 最恵国待遇の例外の FTA

て、非参加国との関税は維持する点で共通している。例えば、本書の執筆時点で日本は、メキシコとは FTA を締結済みだが、アメリカとは締結していない。このため、図 2-5 に示したように、メロンを輸入する場合、メキシコからの輸入品は無税だが、アメリカからの輸入品には 6 ％の関税がかかる。このように、メキシコとの FTA はアメリカを差別しているため最恵国待遇に反するが、GATT では一定の要件の下で認められている。

内外差別を禁止する内国民待遇

内国民待遇（National Treatment：NT）とは、「国内の税金や法令に関して、国産品と同様の待遇を輸入品に与えること」である（GATT3条）。もちろん、輸入品に関税を課すことは認められているので、ここでいう税金とは、国内で課される税金（内国税）を指す。つまり、ある輸入品への関税を撤廃したとしても、輸入国の国内で元の関税と同額の税金を課せば、関税撤廃の効果はなくなってしまう。この原則は、関税以外での輸入品と国産品のあらゆる差別を禁止し（内外無差別）、両者を平等に取り扱うことを求めている。

図 2-6 には、内国税として日本の消費税の例を示した。本書の執筆時点での日本の消費税率は 8 ％であり、内国民待遇の原則は、輸入品にも国産品にも同率の消費税を課すことを求めている。このため、仮に日本政府が、消費税を輸入品のみに課す一方で、国産品に対して免除すると、内国民待遇の原則に違反する。

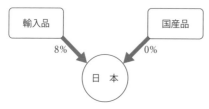

図 2-6 内国民待遇への違反例

これは税金の例だが、法令が内国民待遇に違反するかどうかの判断基準は、最恵国待遇の場合と同様に、主に次の 2 点である。第 1 は、内外差別の有無である。法令上で国産品の優遇を明示

している場合（法律上の差別）はもちろんのこと、法令で明記されていなくても、結果的に輸入品に不利になるような規定（事実上の差別）も内国民待遇に違反する。第2は政府の関与の有無である。GATTは加盟国の政府や地方自治体の措置には適用されるが、民間企業の措置には適用されない。このため、日本政府が国産品を優遇するポイント制度を実施・支援すれば内国民待遇に違反する恐れがあるが、民間企業が自主的に実施するのであれば問題はない。

　他方で、内国民待遇の原則にも様々な例外があり、特に農業に関係が深いのは補助金である。日本政府が補助金を与えるのは日本国内で生産された農産物のみで、輸入品には与えられないため、この点で内国民待遇に違反する。このためGATTでは、補助金が国内産業の育成等の様々な目的で広く用いられていることを踏まえて、国内生産者に対する補助金は内国民待遇の例外として認めている。ただし、国内補助金によって国産品が輸入品との競争で有利になるのは確かであり、GATTやWTO農業協定等では補助金について一定の規律を設けている。WTO農業協定における補助金の具体的な規律については、第3章で詳しく取り上げる。

7　おわりに

　GATTのルールは、物品の輸出入のみに適用される限定的なものと捉えられがちだが、実際には物品に対する国内規制を含むあらゆる措置を対象とした包括的なものである。具体的には、**最恵国待遇**は、関税を含む相手国間の差別を禁止する一方で、**内国民待遇**は、関税を除いて国産品と輸入品との差別を禁止している。例えば、農産物の地産地消への支援策のように、一見すると望ましいような制度でも、政府が関与すると内国民待遇に違反する恐れがある。このため、中央政府だけでなく地方自治体でも、政策を考える上では国際ルールの十分な理解が必要となる。他方で、GATTのルールは政府による規制自体を制限しているわけではなく、物品に影響する差別的な適用を制限しているだけである。つまり、第三国間や内外の差別を伴わなければ、新たな規制の導入が制約されるものではない。

本章のまとめ

1. 第2次世界大戦後に調印されたITO憲章が未発効に終わったため、暫定的な国際協定であるGATTが、事務局や交渉の場の役割も果たした。
2. GATTは生活水準の向上等を目的とし、①関税の譲許、②数量制限の禁止、③最恵国待遇、④内国民待遇の4つの基本原則を備えている。
3. 関税の譲許は、一定の上限を超える関税を課さないと他国に約束することで、いったん譲許すればそれよりも高い関税を課すことはできない。
4. 数量制限の禁止は、政府が輸出入の数量に制限を課す数量制限を禁止することで、食料等の輸出制限等の例外が認められている。
5. 最恵国待遇は、ある国のある産品に対する最も有利な待遇を他国の同じ産品に与えることで、特恵関税やRTA等の例外が認められている。
6. 内国民待遇は、国産品と同様の待遇を輸入品に与えることで、補助金等の例外が認められている。

 キーワード解説

関税：物品の輸出入に対して課される税金。通常は物品の輸入に課される輸入関税を指すことが多い。
譲許：関税に上限を設定し、それを超える関税を課さないことを他国に約束すること。
従価税：課税の基準を価格とし、商品の価格に応じて課される関税。
従量税：課税の基準を数量とし、商品の数量に応じて課される関税。
数量制限：政府が輸出入の数量に制限を課すこと。
最恵国待遇：税金や法令に関して、ある国のある産品に与えている最も有利な待遇を、他国の同じ産品に与えること。
特恵関税：GATTの最恵国待遇の例外として、開発途上国からの輸入品に対して、先進国からの輸入品よりも低い関税率を適用する制度。
後発開発途上国：1人あたり国民総所得が1,035ドル以下等の3つの基準を満たし、国連総会で認定された特に開発の遅れた47か国を指す。
内国民待遇：国内の税金や法令に関して、国産品と同様の待遇を輸入品に与えること。

❓ 考えてみよう

1. 冒頭の新聞記事に関連して、「木材利用ポイント制度」は2015年度で廃止され、内国民待遇に抵触するかの判断はWTOでは示されなかった。そこで、この制度が内国民待遇に違反するかについて、「内外差別の有無」と「政府の関与の有無」という判断基準に照らして考えてみよう。
2. 図2-1に関連して、輸入価格を68.2円/kgとした場合に、日本の米の従量税341円/kgを従価税に換算すると何パーセントになるか計算してみよう。

➤ さらに学びたい人のために

田村次朗（2006）『WTOガイドブック』（第2版）弘文堂
　第2章（GATT・WTOの歴史）と第3章（GATTの基本原則）で、本章の内容を出典も交えてより詳しく解説している。本章の一部はこれに依拠している。

石川城太・椋寛・菊地徹（2013）『国際経済学をつかむ』（第2版）有斐閣
　第4章（貿易政策基礎）で、関税や数量制限の経済的な影響についてミクロ経済学を用いて解説している。

GATT ウルグアイ・ラウンド農業合意
―― 米の関税はなぜ例外になったのか

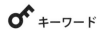 **キーワード**

ラウンド／関税化／ミニマム・アクセス／特例措置／関税割当／特別セーフガード／黄の政策／緑の政策／青の政策／輸出補助金／輸出制限

新聞記事で学ぶ：日本はなぜ米の輸入制限の維持にこだわったの？

　日本の農政は1993年に重大な転機を迎えた。米国の要求を受け、ガット・ウルグアイ・ラウンド交渉でコメ市場の部分開放が決まったのだ。日米はもつれにもつれた協議をどうやって決着させたのか。その謎を解き明かす水面下の攻防が明らかになった。（中略）

　農業分野の交渉にはいくつかの節目があった。その一つが、［19］89年4月にジュネーブで開かれた高級事務レベル会合だ。関税などの保護措置や国内で農家に出す補助金などを「相当大幅に減らす」ことを柱とする中間合意がまとまった。（中略）

　「それだけでは困る」。農産物の輸入で国内農業が脅かされる日本などがこれに異をとなえた。「農業には経済面だけではなく、環境保全などの役割もある」と主張し、「食糧安全保障のような非貿易的関心事項に配慮する」という言葉を中間合意に入れることに成功した。これが後の交渉で決定的な役割を果たす。

次の節目は［19］91年12月20日、舞台は再びジュネーブ。雪が降り、底冷えのする深夜に各国の代表部に最終合意案が届いた。「国境措置を関税に切り替える」。実現すれば輸入枠などの制限は認められなくなり、関税さえ払えば輸出入が自由になる。しかも対象は「すべての品目」。日本が恐れていた内容だった。（中略）
　潮目が変わったのは、［19］93年だ。米側の微妙な変化を感じ取っていた農水審議官の塩飽二郎は7月19日、ジュネーブの高級ホテル、プレジデント・ウィルソンで米農務省の特別交渉官のオメーラに会った。「日本はかつて非貿易的関心事項ということを主張していたな」。レマン湖に臨むレストランで朝食をとりながら、オメーラは切り出した。
　コメは例外だとあからさまに言えばほかの国が反発し、農業分野の全体が紛糾しかねない。だが日本に関税化を認めさせるのも難しい。そこでオメーラは中間合意の「非貿易的関心事項」という考え方を使い、コメ問題の打開策をさぐる作戦に切り替えたのだ。
　コメは関税化せず、代わりに輸入枠を設けて一定額まで増やす——。いまに続くミニマム・アクセス制度だ。日米交渉の着地点を目指すための秘密協議が、この日をさかいに始まった。（後略）

出所：日本経済新聞朝刊（2014年8月31日）「対米交渉『レマン湖の密会』」（吉田忠則）から引用。
［　］内は筆者による注。ルビは筆者による。

本章で学ぶこと

　米の関税化やその例外とは、具体的にどのような措置なのだろうか。また、日本はなぜそれほど米の例外扱いに固執したのだろうか。本章では、現在の日本の農産物貿易政策を規定している GATT ウルグアイ・ラウンド農業合意について学ぶ。

1 ウルグアイ・ラウンドの背景

1948年に発足して以降、GATTではラウンドと呼ばれる加盟国間の多角的な貿易交渉が繰り返し行われた。表3-1には、第6章で後述するWTOのドーハ・ラウンドを含むこれまでのラウンドの概要を示した。ここでラウンドの名称は、交渉の開催地（スイスのジュネーブ、フランスのアヌシー、イギリスのトーキー）、交渉の提唱者（アメリカ国務次官のディロン、アメリカ大統領のケネディ）、交渉開始の宣言地（東京、ウルグアイ、ドーハ）に由来する。本章でウルグアイ・ラウンドを取り上げるのは、交渉の終結は1994年と古いものの、成功に終わった最後のラウンドであり、第5章で説明する日本の主要品目の貿易制度も、その多くがウルグアイ・ラウンド農業合意に基づいているからである。

これまでのラウンドのうち、第6回のケネディ・ラウンドまでの主な対象は関税の引き下げであった。この結果、工業品の平均関税率は大幅に低下し、さらなる削減の余地が乏しくなる一方で、貿易の拡大のためには関税以外の措置（非関税措置）に対するルールの必要性が、改めて認識されるようになった。このため第7回の東京ラウンドでは、輸出国による不当な安売り（ダンピング）に対抗して輸入国が発動する反ダンピング措置、国内補助金、基準・認証制度を含む様々な非関税措置に対する一連のルールが、「東京ラウンド・コード」として合意された。他方で、これらのコードはGATTとは別の協定で参加は任意だったため、同じGATT加盟国の間で適用されるルールの範囲が異なるという問題が生じることになった。

こうした中で、1986年に第8回となるウルグアイ・ラウンドの交渉開始が合意されたのは、次のような背景があった。まず、農産品の輸出競争の激化である。EUの前身である欧州共同体

表3-1　GATT・WTOのラウンド

回	開催年	名　　称	参加国数
第1回	1947年	ジュネーブ	23
第2回	1949年	アヌシー	13
第3回	1951年	トーキー	38
第4回	1956年	ジュネーブ	26
第5回	1960～61年	ディロン	26
第6回	1964～67年	ケネディ	62
第7回	1973～79年	東京	102
第8回	1986～94年	ウルグアイ	123
第9回	2001年～	ドーハ	148

資料：田村次朗（2006）『WTOガイドブック』（第2版）弘文堂他をもとに筆者作成

(EC) は、共通農業政策に基づく高水準の農業保護によって農産物の輸入地域から輸出地域へと転換し、過剰となった農産物の在庫を解消するために、域外に補助金を付けて輸出するようになった。これに対して、自国の輸出先を奪われたアメリカも、農産物の輸出に補助金を付けることによって EC に対抗したため、双方の財政負担が急増し、貿易紛争が激化した。これによって、GATT でそれまで十分に取り上げられてこなかった農産物貿易の自由化や輸出補助金を含む補助金に対するルールの整備が強く認識されるようになった。

その他の背景としては、アメリカの貿易赤字の増加に伴う保護主義の拡大があった。アメリカは、二国間交渉で日本の自動車等に輸出自主規制を強要したり、不公正と判断した国に一方的に制裁関税を発動したりしたものの、GATT ではこうした措置を十分に防げなかった。また、新分野の発展も背景とされる。GATT は物品の貿易のみを対象としているが、先進国における産業の高度化を受けてサービス貿易が増加し、技術革新に伴う知的財産権の保護が必要とされたため、これらの分野の自由化やルール作りが求められるようになった。さらに、紛争処理の限界も挙げられる。GATT では、貿易紛争の裁定の採択には敗訴国を含めた全加盟国の同意が必要で、大国は自国に不利な裁定をしばしば拒否したため、有効に機能しなかった。

2 ウルグアイ・ラウンドの成果

1994年に妥結したウルグアイ・ラウンドでは、こうした課題に関して次のような成果をあげた。第1は、次節以降で説明する農産品の貿易自由化とルールの整備であり、農産品を対象に GATT 等を補完する農業協定が制定された（第4章を参照）。第2は、物品貿易に関するルールの強化であり、反ダンピングや基準・認証制度等に関する協定の改正や制定が行われた。第3は、新分野のルール策定であり、サービス貿易については「サービスの貿易に関する一般協定」（GATS）、知的財産権については「知的所有権の貿易関連の側面に関する協定」（TRIPS 協定）が制定された（第8章を参照）。第4は、紛争処理機能の強化であり、一方的措置の発動を禁止した上で、統一された紛争処理制度が

図3-1 WTO設立協定の構成

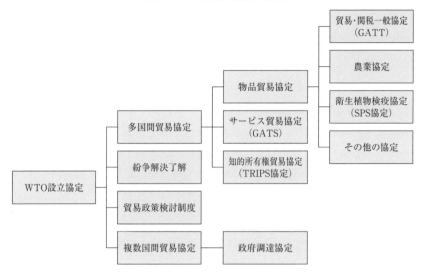

注：協定は例示であり、全てを網羅しているわけではない。

採用された（第7章を参照）。

　その上で、ウルグアイ・ラウンドの最大の成果は、国際機関としてのWTOの設立である。GATTが暫定的な協定に過ぎなかったのに対し、WTOはWTO設立協定に基づいて創設された正式な国際機関となった。WTO設立協定の構成は図3-1に示した。GATTは、設立協定附属書1の多国間貿易協定の下の物品貿易協定に属する協定の一つとなり、新たに制定された農業協定や「衛生植物検疫措置の適用に関する協定」（SPS協定）も同様の位置づけとされた（第7章を参照）。ここで、多国間貿易協定（附属書1）、紛争解決了解（附属書2）、貿易政策検討制度（附属書3）は全ての加盟国に適用されるのに対して、政府調達協定に代表される複数国間協定への参加は任意で、それを受け入れた国のみに適用される。

　また、これに応じたWTOの組織は図3-2に示した。WTOでは2年ごとに開催される閣僚会議が最高意思決定機関であり、それ以外の場合は加盟国の官僚が参加する一般理事会がその任務を遂行する。さらに、一般理事会の下部機関として、物品貿易、サービス貿易、知的所有権貿易に関する理事会が設置

図 3-2 WTO の組織

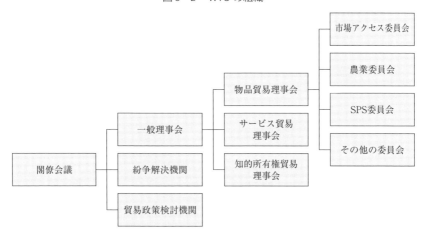

注：委員会は例示であり、全てを網羅しているわけではない。

され、その下には各協定に対応した委員会が置かれている。例えば、農業委員会は、農業協定の実施の進捗状況について検討するために設置され、衛生植物検疫（SPS）委員会は、SPS協定の実施状況を監視し、SPS協定に関する各国間の協議を促進するために設置されている。

3 ウルグアイ・ラウンド農業合意と WTO 農業協定

　以下では、WTO農業協定の基となったウルグアイ・ラウンド農業合意について解説する。その前提として、ウルグアイ・ラウンド農業合意とWTO農業協定との関係は、図3-3のように整理できる。ウルグアイ・ラウンド農業合意は、①関税や補助金等に関する恒久的なルールを定めた文書と、②各国が譲許表（関税の約束を明記した表）や約束表（補助金の約束を明記した表）を作成するための削減方法を定めた文書からなり、前者がWTO農業協定となった。こうした分離が行われたのは、関税や補助金の削減は、ウルグアイ・ラウンド合意の実施期間中の時限的なものであるのに対して、ルールの部分は、その後も各国が新たな補助金等を創設する可能性があることから、恒久的な協定とする必要があったためである。

図 3-3　ウルグアイ・ラウンド農業合意と WTO 農業協定との関係

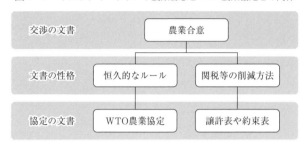

表 3-2　ウルグアイ・ラウンド農業合意の概要

区分		関税	国内助成	輸出競争
削減対象		関税、輸入数量制限	価格支持、国内補助金	輸出補助金
基準期間		1986〜88年	1986〜88年	1986〜90年
削減義務	先進国	関税を平均36%、最低15%削減	黄の政策を AMS で20%削減	支出金額を36%、対象数量を21%削減
	開発途上国	先進国の3分の2		
	後発開発途上国	免除		
実施期間	先進国	1995〜2000年（6年間）		
	開発途上国	1995〜2004年（10年間）		

資料：塩飽二郎訳（1998）『ガット農業交渉50年史』農山漁村文化協会をもとに筆者作成

　ウルグアイ・ラウンド農業合意の概要は、表 3-2 に要約したとおりである。先進国は、後述する関税、国内助成、輸出競争の3分野に関する削減義務を、1995年から2000年までの6年間で段階的に実施することとされた。また開発途上国の場合には、各分野の削減率は先進国の3分の2に軽減され、実施期間も1995年から2004年までの10年間に延長された。さらに、**後発開発途上国**（→第2章）の場合には、WTO 農業協定上の関税や国内助成等に関するルールに従う必要はあるものの、これらに対する削減義務は免除された。

関　税

　図 3-4 に示したように、ウルグアイ・ラウンド開始前の1980年時点では、日本を含む多くの国々が、農産品を中心に GATT で禁止されている輸入数量制限を維持していた。このためウルグアイ・ラウンドでは、農産品に対する輸

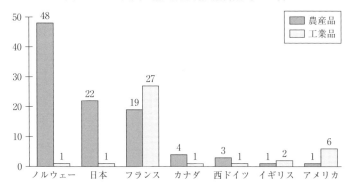

図3-4　主要国の輸入数量制限品目数（1980年）

資料：佐伯尚美（1990）『ガットと日本農業』東京大学出版会をもとに筆者作成

入数量制限のような関税以外の**国境措置**（→第5章）を全面的に禁止し、関税に転換する**関税化**が義務づけられた（農業協定4条2項）。さらに、輸入数量制限等の結果として輸入実績がほとんどない農産品に対しては、ミニマム・アクセスと呼ばれる最低限の輸入数量が設定された。その数量は、当該品目の国内生産量を基準に設定され、先進国では実施期間1年目の1995年には国内消費量の3％とした上で、2000年に5％へと段階的に拡大することとされた。他方で、関税化した品目に対しては、輸入量の増加や国内価格の低下の際に関税率を自動的に引き上げる**特別セーフガード**の適用が認められた（農業協定5条）。

しかし日本は、ウルグアイ・ラウンドで米の関税化に反対し、その対象外とする**特例措置**を確保した（農業協定の附属書5）。関税化と特例措置の違いは図3-5に示した。まず、右図の特例措置では、低い関税率が適用されるミニマム・アクセス数量を設定した上で、それを超える分には引き続き数量制限を課すことができる。これに対して、左図の関税化では、ミニマム・アクセス数量内の輸入（枠内数量）には低い関税率（枠内税率）を適用し、それを超える輸入（枠外数量）には高い関税率（枠外税率）を適用する**関税割当**に転換することが求められる。両者の違いは、関税化では関税を払えばミニマム・アクセス数量を超える輸入が認められるのに対し、特例措置では認められない点にある。

ただし、日本が関税化を拒否する上では、図3-6に示すような代償が伴っ

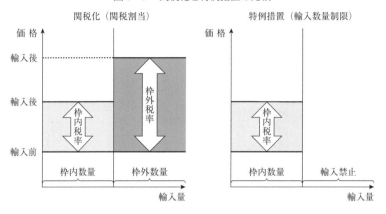

図3-5　関税化と特例措置の比較

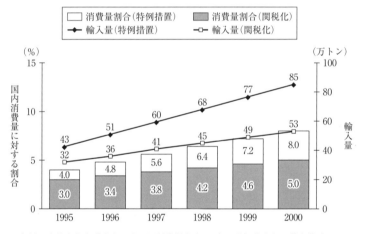

図3-6　米の輸入量の比較

資料：農林水産省「米をめぐる関係資料」（2018年3月）をもとに筆者作成

　た。まず、日本が当初から関税化を受け入れた場合には、米のミニマム・アクセス数量は、1995年の国内消費量の3％から2000年の5％に拡大する。これを日本の米消費量に当てはめると、輸入量は1995年の32万トンから2000年には53万トンに増加する。他方で、特例措置を選択した場合には、米のミニマム・アクセス数量は1995年には国内消費量の4％とし、2000年には8％まで拡大することが求められた。これを日本の米消費量に当てはめると、輸入量は1995年の

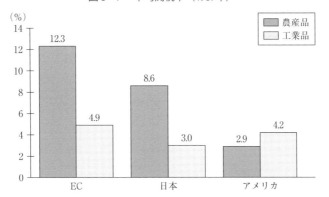

図3-7 平均関税率（1987年）

資料：佐伯尚美（1990）『ガットと日本農業』東京大学出版会をもとに筆者作成

43万トンから2000年には85万トンに増加する。つまり、日本がミニマム・アクセス数量を超える輸入を阻止できるのと引き換えに、ミニマム・アクセス数量内ではより多くの米を輸入することが求められた。

　日本が代償を払ってまで米の関税化を拒否したのは、直接的には、「米の完全自給の維持」を求める国会決議や、「例外なき関税化に反対」という与野党の選挙公約が存在したためである。また、これらの決議や公約の背景には、ウルグアイ・ラウンド交渉の期間中に、関税化すれば低価格の外国産米が大量に輸入されるという認識が広まったことがあり、政府は特例措置を確保することで懸念を払拭しようとした。さらに、関税化に対する懸念は日本だけでなく、イスラエルは日本と同様に先進国として、韓国とフィリピンは開発途上国として、関税化の例外となる特例措置を適用した。しかし、最終的なウルグアイ・ラウンド農業合意では、関税化した品目に対しては高率の枠外税率の設定が認められたため、事後的に見れば、輸入量を抑制する上では最初から関税化した方が得策だった。

　次に、関税の削減については、各国ごとに関税化した品目を含む全ての農産品の関税率を単純平均し、農産品全体で36％、品目ごとに最低でも15％削減することとされた。図3-7に示したように、ウルグアイ・ラウンドが開始された時点でも、アメリカのような農産物輸出国を除けば、農産品の関税は工業品

よりも大幅に高い国が多かった。このため、農産品に対して最低でも15％という関税削減を課した点は、一歩前進であった。他方で、36％という全体の削減率は単純平均であることから、例えば関税率が１％の農産品を無税にすれば削減率は100％となり、他の品目の削減率を抑えることができる。このため日本を含む各国は、関税率が高い品目ほど低い削減率を適用する誘因を持つ上に、関税化に伴う関税割当の創設によって高率の枠外税率が設定されたことから、必ずしも高関税が是正されたわけではない。

国内助成

　ウルグアイ・ラウンド農業合意では、交通信号の色を用いて国内助成を分類した。つまり、「止まれ」を意味する赤の政策は新規の供与を禁止し、「注意して進め」を意味する黄の政策は金額を削減し、「進め」を意味する緑の政策は無制限に使用可能とした（日本の青信号を英語では green light と呼ぶことに由来する）。ただし、農業協定に交通信号による分類が明記されているわけではなく、各国の政策担当者がわかりやすさから便宜的に用いていた表現が定着したものである。赤の政策に該当する輸出補助金は次節で取り上げるため、本節ではそれ以外の補助金の区分について説明する。

　まず、黄の政策（Amber Box）とは、生産者に農産物の増産を促し、結果として貿易にも影響する政策である。図３−８において、縦軸は価格、横軸は生産量であり、右上がりの供給曲線は、価格が与えられた場合に生産者の利益が最大となる生産量の軌跡を表す。ここで農産物の価格がP_1の際には、生産量は価格と供給曲線が交わるQ_1となり、生産者の収入は価格と生産量をかけ合わせたAである。次に、政府が生産者に補助金を供与して価格がP_2に上昇すると、生産量はQ_2に増加し、生産者の収入はA＋B＋C＋Dとなる。このように、生産者が受け取る価格を人為的に引き上げることによって、農産物の増産を促す国内助成が黄の政策である。

　ウルグアイ・ラウンド農業合意では、支持の総合的計量手段（Aggregate Measurement of Support：AMS）という指標を用いて、黄の政策の金額を算出することとされた（農業協定の附属書３）。農業者の収入を増やす手段には、政

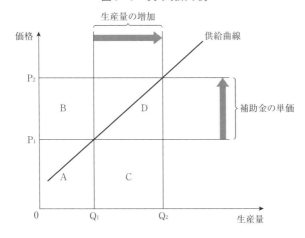

図3-8 黄の政策の例

府が農産物を市場価格より高く買い上げる市場価格支持と、市場価格に補助金を上乗せする直接支払いがある。図3-8において、こうした保護がない場合の価格を P_1、ある場合の価格を P_2 とすると、市場価格支持は保護の単価（P_2-P_1）と生産量（Q_2）をかけ合わせたもので、図3-8ではB+Dに相当する。こうした手順で、米や小麦といった品目ごとに市場価格支持と削減対象の直接支払いを合算してAMSを算出し、それを国全体で合計したのが総合AMSである。ただし、先進国では生産額の5％以下の黄の政策は、デミニミス（最小限の政策）としてAMSから除外される（農業協定6条4項）。その上で農業合意では、先進国は総合AMSを実施期間内に20％削減することとされた。

　他方で、ウルグアイ・ラウンド農業合意で削減の対象外とされた国内助成には、次の2つの種類がある。まず緑の政策（Green Box）は、農産物の増産を促さず、結果として貿易にもほとんど影響しない政策である（農業協定の附属書2）。図3-8において、政府が補助金を支給して生産者の価格を P_2 に引き上げる際に、その対象となる生産量を過去の水準の Q_1 に固定すると、生産量は変わらない一方で、生産者の収入はA+Bに増加する。このように、生産者の収入を増やすものの、農産物の増産は促さない補助金が緑の政策の一例である。次に青の政策（Blue Box）は、農産物の増産を促す効果はあるものの、生産制限（減反）の実施を条件とする直接支払いが該当する（農業協定6条5項）。こ

れらの政策に関しては、各国は無制限に支出することが可能となっている。

輸出競争

　ウルグアイ・ラウンド農業合意における輸出競争とは、農産物の輸出を促進するための政府の支援策であり、農業協定上の輸出補助金は次の2つに大別される。まず狭義の輸出補助金は、輸出に対する直接補助金を含む、輸出に対する直接的又は間接的な支援策であり、具体的な類型は農業協定に列挙されている（農業協定9条1項）。ウルグアイ・ラウンドの開始当時は、農産物の過剰在庫を解消するために、主にECが輸出に対する直接補助金を多用していた。農業合意では、その時点で輸出補助金を交付していなかった国による新規の輸出補助金は赤の政策として禁止された。他方で、既に輸出補助金を交付していた先進国は、6年間の実施期間内に、輸出補助金の支出金額を36％、対象数量を21％削減することとされた。

　次に広義の輸出補助金とは、狭義の輸出補助金以外を含む全ての輸出支援策で、その代表例は輸出信用と食糧援助である。まず輸出信用とは、農産物の輸出拡大のために主にアメリカが用いている制度で、その代表的な仕組みは、アメリカ産農産物の輸入国に購入資金を貸し付けた銀行に対して、アメリカの政府機関が債務を保証するというものである。その上で、仮に輸入国が銀行に代金を支払えない場合には、その政府機関が代わりに支払うことになるため、輸出信用は間接的な輸出補助金に他ならない。しかし、輸出信用は輸出補助金と比べて仕組みが複雑であり、政府による支援の程度も制度ごとに様々で、輸出補助金との線引きが困難なこともあり、農業合意ではルールや削減義務は課されなかった（農業協定10条2項）。

　また食料援助は、本来は食料不足に直面している開発途上国に対して無償で食料を提供する仕組みで、一見すると輸出補助金とは無関係のようにもみえる。しかし、伝統的に最大の食料援助の供与国であるアメリカは、自国の余剰農産物を開発途上国に供与した上で、供与先国内で販売した代金の返還を求めるような制度も実施している。こうした仕組みは、食料不足の開発途上国に対する支援というよりも、農産物の余剰処理や市場開拓の性格が強く、市場価格より

安く農産物を提供している点で、間接的な輸出補助金ともいえる。しかし、ウルグアイ・ラウンドにおいて真に望ましい食料援助の形態に合意することはできず、農業合意では既存の食料援助に関する国際合意の再確認にとどまった（農業協定10条4項）。

輸出制限

　農業合意における輸出制限とは、前章で説明したように、GATTの数量制限禁止の例外である「食料等の危機的な不足時の輸出数量制限」（GATT11条2項(a)）を指す。ウルグアイ・ラウンドでは、上述した日本の米のような一部の例外を除いて輸入に対する数量制限は禁止され、全て関税に転換することが義務づけられた。これに対して、輸出に対する数量制限は、本来はGATTの原則に反するにもかかわらず、明示的に認められている。つまり、日本のような食料輸入国にしてみれば、輸入数量制限の廃止によって輸入食料への依存が高まる可能性があるにもかかわらず、いったん食料が不足すれば輸出国は輸出数量制限を発動することができるため、輸入国は十分な食料を調達できない恐れがある。

　このため、主要な食料輸入国である日本は、ウルグアイ・ラウンドで輸出制限を規律することを提案し、その一部が農業合意に反映された。すなわち、食料等の一時的な輸出数量制限を認めるGATTの規定は維持した上で、WTO農業協定に数量制限を発動する際のルールを新設した（農業協定12条）。具体的には、①輸出制限の発動国は、輸入国の食料安全保障への影響を考慮する、②輸出制限の発動国は、可能な限り事前に当該措置をWTOに通報する、③輸出制限の発動国は、要請があれば利害関係を有する輸入国と協議する、といった義務が規定されている。なお、このルールは、食料純輸出国を除く開発途上国には適用されない。このルールの遵守状況については、第4章で改めて検証する。

4 おわりに

　GATTウルグアイ・ラウンドは、それまでのラウンドとは異なる大きな成果をあげた。まず、暫定的な協定に過ぎなかったGATTを発展させ、正式な国際機関であるWTOが設立された。アメリカが1945年にITOの設立を提唱してから半世紀を経て、当初の構想が実現したといえる。また、農業に関しても、関税・国内助成・輸出競争の3分野に関するルールや削減義務に合意し、ルールを恒久化したWTO農業協定が制定された。それまで農産物の貿易自由化が不十分だった背景には、GATTを主導したアメリカ自身が、その原則に違反する輸入数量制限のような措置を正当化してきた面があった。しかし、ECとの輸出競争の激化を受けて、自らも身を切る農産物の自由化に踏み込んだ。これによって、日本も米の関税化は回避したものの、ミニマム・アクセスを受け入れる等、農産物貿易制度の大幅な変更を迫られることになった。

> **本章のまとめ**
> 1. GATTウルグアイ・ラウンドの主な成果としては、①WTOの設立、②農産品の貿易自由化とルールの整備、③物品貿易に関するルールの強化、④新分野のルール策定、⑤紛争処理機能の強化、が挙げられる。
> 2. 農産品の関税分野では、日本の米等を除いて、全ての輸入数量制限を関税に転換した上で、関税を削減した。
> 3. 農産品の国内助成分野では、補助金の区分を設け、生産を促進する黄の政策を削減する一方で、緑の政策や青の政策は継続が認められた。
> 4. 農産品の輸出競争分野では、EUが多用する輸出補助金を削減した。
> 5. 農産品の輸出制限分野では、食料等の輸出数量制限を発動する際のルールを新設した。

キーワード解説

ラウンド：GATT や WTO の下で多数の加盟国が参加して行われる多角的な貿易交渉。

関税化：輸入数量制限のような関税以外の国境措置を関税に転換すること。

ミニマム・アクセス：輸入実績がほとんどない農産品に対して設定された最低限の輸入数量。

特例措置：関税化を行わず、ミニマム・アクセス数量を超える分には引き続き輸入数量制限を課すことができる措置。

関税割当：一定の数量内の輸入枠内数量には低い関税率（枠内税率）を適用し、それを超える輸入枠外数量には高い関税率（枠外税率）を適用する制度。

特別セーフガード：関税化した品目に対して適用され、輸入量の増加や国内価格の低下の際に関税率を自動的に引き上げる措置。

黄の政策：生産者に農産物の増産を促し、結果として貿易にも影響するため、農業合意で削減の対象とされた国内助成措置。

緑の政策：農産物の増産を促さず、貿易にもほとんど影響しないため、農業合意で削減の対象外とされた国内助成措置。

青の政策：農産物の増産を促す効果はあるものの、生産制限（減反）の実施を条件として、農業合意で削減の対象外とされた直接支払い。

輸出補助金：農産物の輸出を促進する政府の支援策で、農業協定で削減義務が課される狭義の輸出補助金と、それ以外の広義の輸出補助金がある。

輸出制限：GATT の数量制限禁止の例外とされている食料等の危機的な不足時に発動される輸出数量制限。

考えてみよう

1. 図 3-5 に関連して、関税化と特例措置の仕組みに関する共通点と相違点について考えてみよう。
2. 冒頭の新聞記事や図 3-6 に関連して、「米の完全自給の維持」や「例外なき関税化に反対」といった日本国内のそれぞれの主張が、ウルグアイ・ラウンド農業合意での米の扱いに反映されたのか否かを考えてみよう。

さらに学びたい人のために

田村次朗（2006）『WTO ガイドブック』（第 2 版）弘文堂

第2章（GATT・WTOの歴史）で、GATTにおける関税交渉の歴史やウルグアイ・ラウンドが開始された経緯を説明している。本章の一部はこれに依拠している。

山下一仁（2000）『詳解 WTOと農政改革』食料・農業政策研究センター

第3章（ウルグアイ・ラウンド交渉）と第4章（WTO農業協定）で、本書よりも詳細な説明がある。技術的な内容を含むため、各国の農業政策や国際経済法に関する一定の予備知識が必要である。

塩飽二郎訳（1998）『ガット農業交渉50年史――起源からウルグアイ・ラウンドまで』農山漁村文化協会

第7章（ウルグアイ・ラウンド交渉）と第8章（ウルグアイ・ラウンドの農業に関す協定）で、本書よりも詳細な説明がある。原著は英文であり、上掲書よりさらに専門性が高い内容となっている。

第4章 WTO農業協定の実施状況
―― 輸出規制はなぜやめられないのか

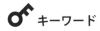 キーワード

WTO通報／デカップル所得支持／輸出規制／重商主義

新聞記事で学ぶ：食料の輸出規制をやめさせることはできないの？

　政府は［2008年4月］21日、世界的な食糧価格の急騰を受けて、輸出規制を行っている食糧輸出国に規制解除を働きかける方針を決めた。また、世界貿易機関（WTO）に対して、輸出規制を導入する前にその是非について事前審査を行う制度を設けるよう提案する。サミット議長国として働きかけ、各国・機関の合意を取り付けたい考えだ。（中略）
　福田首相は、潘基文（パンギムン）国連事務総長とゼーリック世界銀行総裁らに18日付の書簡で「G8議長として、強い切迫感をもってサミットの議題としなければならないと決意した」と伝え、北海道洞爺湖サミットで食糧問題を主要議題として取り上げることを正式に表明。「食糧輸出国による輸出規制は回避されるべきであり、より厳しいルールが導入されるべき」だと訴えた。
　農林水産省が現時点で確認しているだけで、中国、アルゼンチン、ウクライナなど11カ国が、自国の食糧安全保障などを理由に食糧の輸出規制を行っている。特に、主要穀物の中で貿易量が少ない米について、イ

ンドやベトナムが輸出規制をしていることが、アジア諸国での混乱の要因の一つとみられている。ロシアも小麦などの輸出規制を行っており、G8内で足並みをそろえることも課題だ。

　WTOの現行の協定では、輸出規制を導入した国は「可能な限り速やかに」通報するとの規定が、すべての先進国と、途上国のうち食糧の輸出量が輸入量を上回る「純輸出国」のみに適用されている。輸出規制期間についての制限はない。このため日本政府は、食糧輸出規制の事前通報を義務づけるほか、事前審査のための制度導入を近くWTOに提案する。

出所：朝日新聞朝刊（2008年4月22日）「輸出規制　食糧　解除要請へ」（小山田研慈、南島信也）から引用。[　]内は筆者による注。

本章で学ぶこと

　食料価格の高騰を受けた輸出規制の頻発は、GATTウルグアイ・ラウンド農業合意で新設された食料の輸出制限に関するルールが守られていないことを意味するのだろうか。また、それ以外の分野では、WTO農業協定は約束通りに実施されているのだろうか。さらに、それは各国の農業政策にどのような影響を与えているのだろうか。本章では、関税、国内助成、輸出補助金、輸出規制の4分野を対象に、日本を含む主要先進国におけるWTO農業協定の実施状況について学ぶ。

1 関　税

　ウルグアイ・ラウンド農業合意では、輸入数量制限のような関税以外の国境措置を関税化（→第5章、第3章）した上で、農産品全体の関税率を単純平均で36％削減することが求められた。その効果を確認するために、図4-1には、1995年以降の日米欧における一次産品（農水産品と鉱物資源）の平均関税率の推移を示した。これによれば、農産品の関税率が高いEUと日本では、平均関

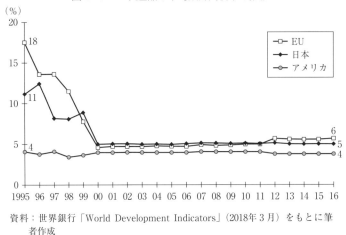

図4-1 一次産品の平均譲許関税率の推移

資料：世界銀行「World Development Indicators」（2018年3月）をもとに筆者作成

税率は1995年から2000年にかけて大きく低下する一方で、2000年以降はほとんど変化していない。このように、ウルグアイ・ラウンド農業合意は、農産品の関税削減に一定の効果があったと考えられる。

ただし、農産品の平均関税率の算出には様々な困難が伴うため、その解釈には注意が必要である。まず、平均関税率をパーセントで表すためには、従量税を従価税に換算する必要があり、その際は第2章で説明したように、従価税換算値は輸入価格や為替レートに左右される。このため、従量税では関税率が低下していても、従価税換算値は上昇することがある。図4-1において、平均譲許関税率が上昇している年があるのは、こうした要因が影響している可能性もある。また、関税率が複数存在し仕組みが複雑な関税割当品目をどのように扱うかによって、平均関税率も異なってくる。このため、ウルグアイ・ラウンド農業合意による関税削減の効果は、短期ではなく長期的なトレンドを見る必要がある。

こうした平均値の限界を補うために、図4-2には、主な先進国における農産品の品目別の関税割当数を示した。ウルグアイ・ラウンド農業合意での関税化に伴って、多くの輸入数量制限が、高い枠外税率が課される関税割当（→第3章）に転換された。ここで、関税割当の対象品目の範囲は国ごとに異なるため、件数と保護の頻度は比例するわけではないが、高関税品目の分布の目安に

図4-2 農産品の品目別関税割当数（2002年）

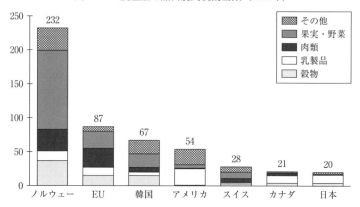

資料：WTO「Tariff and Other Quotas（TN/AG/S/5）」（2002年3月）をもとに筆者作成

図4-3 品目別の平均譲許関税率（2017年）

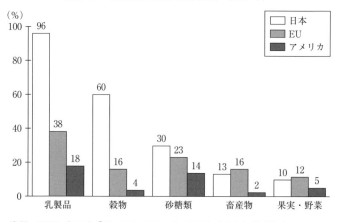

資料：WTO（2018）『World Tariff Profile 2018』をもとに筆者作成

はなる。図4-2によれば、2002年の関税割当数は232件のノルウェーが最も多いのに対し、日本は20件で先進国の中では少ない。またWTO加盟国の関税割当の総数は、2002年には1,425件、2011年には1,094件で、この間に300件以上減少したものの、その大半はEUに加盟したポーランド等の東欧諸国の分であり、実質的にはほとんど変化していない。

こうした関税割当の影響も含む品目ごとのばらつきは、日米欧における品目

ごとの平均譲許関税率を示した図4-3でより明確になる。図4-1とは関税率の計算方法が異なるため、両者の数値を直接比べることはできないものの、図4-3の平均関税率は品目ごとに大きく異なっている。具体的には、日本の農産品の平均関税率は、乳製品、穀物、砂糖類で高いのに対し、野菜・果実では低い。またEUでは、平均関税率は乳製品や砂糖類で高いのに対し、やはり野菜・果実では低い。さらに、農産品の関税率が総じて低いアメリカでも、乳製品や砂糖類の関税率は相対的に高くなっている。このように、ウルグアイ・ラウンド農業合意の実施をへた後でも、農産品における品目別の関税率の格差は依然として残っている。

2 国内助成

WTO農業協定の国内助成分野では、交通信号の色に例えた補助金の区分を設けた。図4-4には、円に換算した日米欧における2012年の国内助成の内訳を示した。国内助成の総額が最大なのは11.1兆円のアメリカで、農業生産額の35％に相当する。その内訳を見ると、緑の政策（→第3章）が10.2兆円と最大で、全体の91％を占めている。次に国内助成の総額が大きいのは8.4兆円の

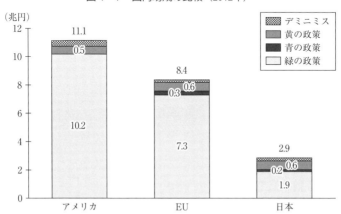

図4-4　国内助成の比較（2012年）

資料：農林水産省「WTO交渉について」（2016年5月）をもとに筆者作成

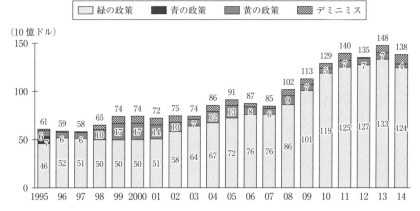

図4-5 アメリカの国内助成の推移

資料：WTO「Agriculture Information Management System」(2018年3月)をもとに筆者作成

EUで、農業生産額の22％にあたる。その内訳を見ると、緑の政策が7.3兆円と最大で、国内助成の87％を占めている。最後に日本の国内助成の総額は2.9兆円で、農業生産額の33％に相当する。その内訳を見ると、やはり緑の政策が1.9兆円と最大だが、国内助成の総額に占める割合は66％で、米欧よりは低くなっている。以下では、日米欧の各国・地域別に国内助成の内訳の推移を概観する。

まず図4-5には、ドル表示でのアメリカの国内助成の推移を示した。国内助成の総額は、1995年以降ほぼ一貫して増加しているが、2012年以降は伸びが鈍化している。内訳を見ると、国内助成の増加は緑の政策の増大によるものだが、アメリカの緑の政策の7～8割は、以前はフード・スタンプと呼ばれた低所得者向けの食料費補助であり、農業者に対する補助ではない。他方で、生産制限の実施を条件とする直接支払いである青の政策（→第3章）は1995年限りで廃止され、黄の政策（→第3章）も長期的には減少傾向にある。また、デミニミスの金額が大きいのもアメリカの特徴である。アメリカのデミニミスは、2012年では農業生産額32兆円の5％に相当する約1.6兆円であり、それ以下の金額の補助金は、黄の政策であってもAMSから除外される。

次に図4-6には、ユーロ表示でのEUの国内助成の推移を示した。EUの

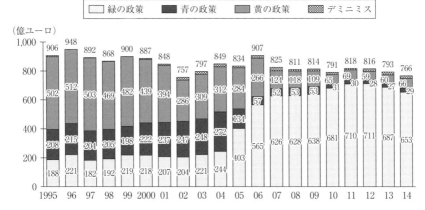

図4-6 EUの国内助成の推移

資料：WTO「Agriculture Information Management System」（2018年3月）をもとに筆者作成

　国内助成は、加盟国数が1995年の15カ国から2014年には28カ国に増加したにもかかわらず、総額では減少している。内訳を見ると、1990年代は黄の政策が過半で、青の政策もそれに次ぐ割合を占めていたのに対し、2005年以降は緑の政策が大きく増加し、最近では国内助成総額の9割近くを占めている。こうした農業補助金の内訳の変化は、EUの農業保護政策が、農業者から農産物を高価格で購入することで所得を確保する市場価格支持から、価格は市場に委ね、それに伴う所得の低下を直接支払いで補償する政策へ転換したことを反映している。その背景には、黄の政策を削減する一方で緑の政策を無制限に認めたウルグアイ・ラウンド農業合意も影響している。

　さらに図4-7には、日本の国内助成の推移を示した。国内助成の総額は、1995年以降は継続的に減少してきたものの、2007年以降はほぼ横ばいとなっている。また、内訳を見ると、ウルグアイ・ラウンド農業合意で削減対象とされた黄の政策が減少傾向にあるのは米欧と共通している。他方で、緑の政策が減少する一方で、1998年以降は青の政策が導入されている点は、青の政策から緑の政策への転換が進む米欧とは異なっている。黄の政策の品目別の内訳や、緑の政策の施策別の内訳については、次節で詳しく説明する。

　最後に図4-8には、日米欧における黄の政策の上限額と実際の支出額を示

図4-7 日本の国内助成の推移

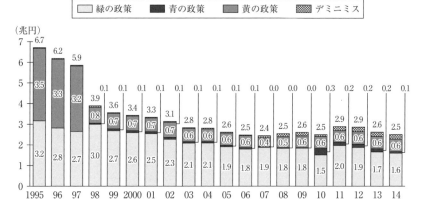

資料：WTO「Agriculture Information Management System」（2018年3月）をもとに筆者作成

図4-8 黄の政策の上限額と支出額（2012年）

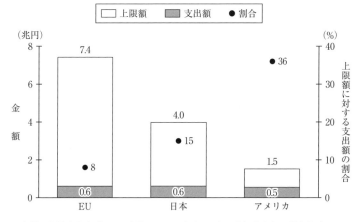

資料：農林水産省「WTO交渉について」（2016年5月）をもとに筆者作成

した。前章で説明したとおり、ウルグアイ・ラウンド農業合意において、先進国は1995年から2000年の6年間に、AMSによる黄の政策の20％削減を約束した。他方で、ウルグアイ・ラウンド農業合意で定められた上限額に対する2012年の実際の支出額を見ると、EUは8％、日本は15％、アメリカは36％に過ぎない。つまり日米欧は、黄の政策をウルグアイ・ラウンド農業合意の義務を超

えて大幅に削減してきたことがわかる。その理由は、第6章でとりあげるWTOのドーハ・ラウンドにおいて、黄の政策のさらなる削減が確実視されており、それに備えて黄の政策を減らすような農業政策の改革を前倒しで進めたためである。

3 日本の国内助成の内訳

本節では、日本の国内助成の内訳をさらに詳しく検討する。まず図4-9には、日本の黄の政策（→第3章）について品目別の内訳の推移を示した。ウルグアイ・ラウンド農業合意における日本の黄の政策の上限は、1995年度の4.8兆円から2000年度には4兆円に削減され、その後はそれが維持されている。他方で実際の支出額は、1997年度までは3兆円を超えていたのに対して、翌年には0.8兆円へと大幅に低下し、それ以降はほぼ横ばいとなっている。つまり、日本の黄の政策は、上限の15％に過ぎない水準まで低下している。こうした黄の政策の大幅な減少は、かつては2兆円以上で黄の政策の大半を占めていた米のAMSが、米政策の変更によって1998年度はゼロになったためである。

その仕組みは次の通りである。WTO農業協定（附属書3）は、AMSの市場

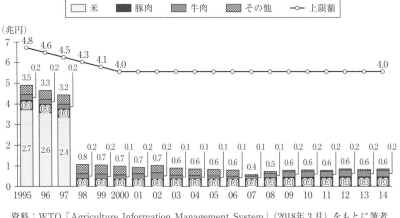

図4-9 日本の黄の政策の推移

資料：WTO「Agriculture Information Management System」（2018年3月）をもとに筆者作成

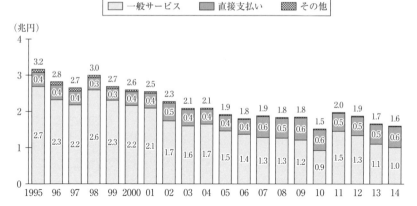

図4-10 日本の緑の政策の推移

資料：WTO「Agriculture Information Management System」(2018年3月)をもとに筆者作成

価格支持（図3-8のB+D）は、外部基準価格（同P_1）と管理価格（同P_2）との差に当該管理価格の対象となる生産量（同Q_2）を乗じて算定すると規定している。日本政府は、管理価格を廃止したことによって米の市場価格支持がなくなったためAMSがゼロになる一方で、価格低下を補填するために稲作経営安定対策と呼ばれる直接支払い（青の政策→第3章）を導入した旨をWTO通報した。ただし、米に対する保護が廃止されたわけではない。日本の米の国内価格は国際価格よりも大幅に高いものの、それは数量制限（1999年度の関税化以後は高い枠外税率）で輸入を制限した上で、生産調整によって生産量を抑制して価格を引き上げていること等による。

次に図4-10には、日本の緑の政策（→第3章）について、項目別の内訳の推移を示した。既に図4-7で見たように、日本の緑の政策は、アメリカやEUとは対照的に減

表4-1 日本の緑の政策の事例（2014年度）

農業協定の区分		日本の事例
一般サービス		農業農村整備事業
公的備蓄		米の備蓄制度
食料支援		学校給食への助成
災害救済		農業共済制度
離農支援		農業者年金制度
投資助成		就農給付金
直接支払い	環境支払い	転作助成金
	地域援助支払い	中山間地域直接支払制度

資料：日本の2014年度のWTO通報（G/AG/N/JPN/219）をもとに筆者作成

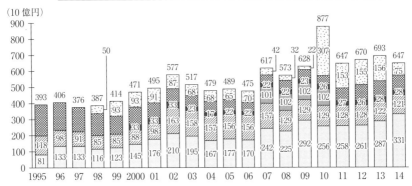

図4-11　日本の直接支払いの推移

資料：WTO「Agriculture Information Management System」（2018年3月）をもとに筆者作成

少傾向にあり、総額は1995年度の3.2兆円から2014年度には1.6兆円まで減少した。図4-10によれば、その背景には、直接支払いはわずかに増加しているものの、1990年代には緑の政策の8割以上を占めていた一般サービスの大幅な減少があることがわかる。

そこで、一般サービスも含めて、日本が緑の政策としてWTOに通報している政策の事例を表4-1に示した。日本の一般サービスの大半は、農業農村整備事業で、その内容は農地区画の拡大やかんがい排水施設の整備等を行う公共事業である。つまり、日本の緑の政策の減少は、財政赤字の増大等を受けた公共事業の削減を背景としたものである。これに対して、わずかに増加傾向にある日本の直接支払いには、WTOの緑の政策の類型では環境支払いと地域援助支払いがある。まず、水田で水稲以外の作物への転換を支援する転作助成金は、水田を維持することで良好な環境を保全することを理由に環境支払いに区分されている。また、2000年度に導入された中山間地域等に対する直接支払制度は、そのモデルとなったEUの制度と同様に、地域援助支払いに区分されている。

さらに図4-11には、緑の政策と青の政策を合わせた直接支払いについて、施策別の内訳の推移を示した。直接支払いの総額は、1999年度の3,932億円から2014年度には6,474億円に増加している。その内訳をWTO農業協定におけ

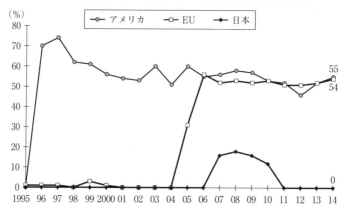

図4-12 直接支払いに占めるデカップル所得支持の割合の推移

資料：WTO「Agriculture Information Management System」(2018年3月)をもとに筆者作成

る緑の政策の区分で見ると、環境支払い（施策は転作助成金）が増加し、離農支援（施策は農業者年金制度への助成金）も安定的に推移している。他方で、2007年度に導入されたデカップル所得支持（施策は品目横断的経営安定対策）が2010年度で廃止される一方で、2009年度まで減少していた青の政策は、民主党政権下での戸別所得補償制度の導入で2010年度に増加に転じたものの、自民党の政権復帰後の2014年度には再び減少している。

最後に、図4-12には、日米欧における直接支払いに占めるデカップル所得支持の割合の推移を示した。アメリカでは1990年代の半ば、EUでは2000年代の半ばに、直接支払いを青の政策から緑の政策であるデカップル所得支持に転換する動きが相次いだ。この結果、最近の米欧では、緑の政策と青の政策を合わせた直接支払いの総額のうち、過半がデカップル所得支持で占められている。デカップル所得支持は、関税に依存せず、農産物の増産を促さずに農業者の収入を確保する措置であり、米欧では最も理想的な政策と考えられている。これに対して日本では、上記のように2000年代後半にいったんデカップル所得支持が導入されたものの、2010年度以降にはそれを廃止して青の政策が再び導入された。このように、日本の直接支払いの動向は、青の政策から緑の政策へ、そして緑の政策の中でもデカップル所得支持へと転換が進む米欧とは対照的である。

4 輸出補助金

　ウルグアイ・ラウンド農業合意では、様々な輸出支援策の中で輸出補助金（→第3章）のみが削減の対象となり、6年間の実施期間内に支出金額を36％、対象数量を21％削減することとされた。その効果を見るために、図4-13には、ウルグアイ・ラウンド農業合意で削減義務を課された国々における輸出補助金の支出額の推移を示した。ただし、ウルグアイ・ラウンド農業合意の約束は自国通貨建てで行われており、そのままでは各国間の比較ができない。このため、図4-13の支出額は米ドルに換算したものであり、年ごとの変化には為替レートの変動を含んでいる点に注意が必要である。その上で図4-13を見ると、EUによる輸出補助金の支出額は、1995年以降のWTO加盟国による支出総額の約9割と圧倒的な割合を占めていたことがわかる。

　そこで図4-14には、ユーロ表示でのEUによる輸出補助金の支出額の推移を示した。ウルグアイ・ラウンド農業合意に定められた輸出補助金の上限額は、1995年の118億ユーロから2000年には74億ユーロに削減されたが、実際の支出

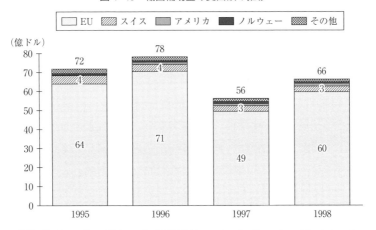

図4-13　輸出補助金の支出額の推移

資料：Hoekman, B. and Messerlin, P. (2006) "Removing the Exception of Agricultural Export Subsidies" in Anderson, K. and Martin, W. (eds.) *Agricultural Trade Reform and the Doha Development Agenda*, World Bank. をもとに筆者作成

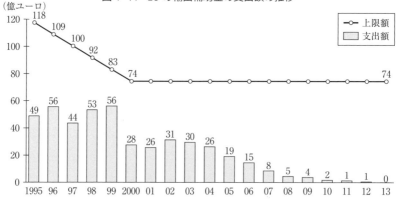

図4-14 EUの輸出補助金の支出額の推移

資料：WTO「Agriculture Information Management System」（2018年3月）をもとに筆者作成

額は常にこれを下回っている。特に輸出補助金の支出額は、2002年以降は継続的に減少し、2013年にはほぼゼロになった。この背景にはEUの農業保護政策の改革がある。第2節でも触れたように、EUはWTO農業協定の実施を見すえて、農業者からの農産物の買取価格を大幅に削減する一方で、それに伴う所得の低下を直接支払いで補償する政策へ転換してきた。このため、EU域内の農産物価格が低下し、輸出補助金を付与しなくても輸出ができるようになった。

5 輸出規制

　食料の輸出規制とは政府が輸出を制限する措置であり、具体的には輸出制限と輸出税に大別される。このうち輸出制限（→第3章）は、輸出の数量を直接的に制限する措置で、輸出禁止、輸出数量制限、輸出割当、輸出許可等が含まれる。これに対して輸出税は、輸出価格を引き上げることによって間接的に輸出を制限する措置で、輸出関税や最低輸出価格が含まれる。このうち前者の輸出制限に関しては、前章でも説明したように、食料等の一時的な輸出制限を認めるGATTの規定は維持した上で、WTO農業協定に数量制限を発動する際のルールが新設された。その中心となるのは、輸出制限の発動国による当該措置のWTOへの通報であり、WTO農業協定の運用状況を検証するために、こ

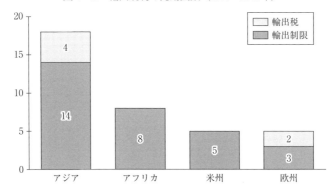

図4-15 輸出規制の発動国数(2007～2008年)

資料:FAO「Crop Prospects and Food Situation (No. 5)」(2008年12月)をもとに筆者作成

の規定がどの程度守られているかを確認する。

　図4-15には、食料価格が高騰した2007年から2008年にかけて、輸出規制を発動した国の数を示した。輸出制限の発動国の総数は30カ国、輸出税の発動国の総数は6カ国で、同一国が両方の措置を発動した場合の重複を除くと総数は31カ国に達した。地域別では、アジアやアフリカの開発途上国が多く、いわゆる先進国で輸出規制を発動したのは、欧州のロシアやウクライナなどごく一部に限られている。つまり、日本が多くの農産物を輸入しているアメリカ、カナダ、オーストラリアといった先進国は、この期間に輸出規制を発動していない。その理由は、開発途上国には総じて貧しい消費者が多く、政府はそうした消費者に配慮して、国内の食料価格の上昇を抑えるために輸出規制を発動する誘因が大きいためである。

　次に図4-16には、1995年から2012年にかけてのWTOへの輸出規制の通報件数を示した。この期間内に輸出規制を通報したのは8カ国で、累積件数は14件であった。通報国は東欧諸国に集中しており1995年のWTO創設以降に新規に加盟した国が多い。他方で、図4-15と図4-16を照らし合わせると、2007～2008年に輸出規制を発動した国のうち、その措置をWTOに通報したのはキルギスのみであった。さらに、そのキルギスがとった措置は輸出税であり輸出制限ではないため、本来はWTOに通報する義務はなかった。つまり、2007～2008年に輸出制限を発動した国のうち、それをWTO農業協定上の義務にしたがって

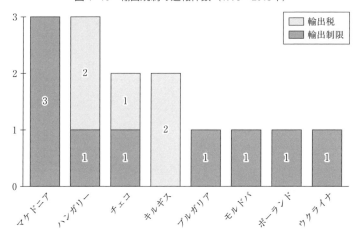

図 4-16 輸出規制の通報件数（1995～2013年）

資料：WTO「Export Prohibitions and Restrictions (TN/AG/S/28)」(2013年3月）をもとに筆者作成

通報した国は一カ国もなく、規律が著しく形骸化していることがわかる。

6 おわりに

　本章では、WTOの発足とともに1995年に発効したWTO農業協定の実施状況を概観した。ウルグアイ・ラウンド農業合意の内容は、関税、国内助成、輸出補助金（→第3章）を削減することによって、競争力のある輸出国の農産物輸出を促進するための措置と、食料等の輸出制限（→第3章）を規律することによって、輸入国が安定的な輸入を確保するための措置に大別される。本章での検討から、主に輸出国の関心事項である関税や補助金の削減については、実施国の負担を伴うにもかかわらず着実に実施されてきたのに対し、日本のような輸入国の関心事項である輸出制限の規律については、WTOへの通報という基本的な義務すら守られていないことが明らかになった。

　こうした矛盾はWTOの二面性を反映している。本書の第1章で説明したように、各国が比較優位のある商品の生産に特化し、それを相互に交換する貿易によって貿易利益を得るのは消費者である。つまり、貿易自由化で縮小を余儀

なくされる輸入国の比較劣位産業の生産者は損失を被るものの、商品の消費量が増える消費者は必ず得をするため、これが貿易自由化の根拠となっている。しかし、WTO での貿易交渉は、輸出を伸ばしたい生産者の利益を反映し、「輸出は良く輸入は悪い」という重商主義に立脚した各国の政府同士で行われる。このため WTO では、輸出国の生産者の利益を反映した約束が重視される一方で、輸入国の消費者の利益を反映した約束は軽視されがちである。

　また、WTO で農産物輸入国の利害が反映されづらいのは、加盟国の構成に起因する面もある。GATT の交渉では、長期間にわたって先進国が主導的な役割を果たしてきた。その中で、アメリカ、カナダ、オーストラリアといった主要国は、伝統的な農産物の大輸出国である。また、以前は農産物の純輸入地域だった EU も、高水準の農業保護によって域内の生産が拡大し、1980年代には農産物の純輸出地域に転じた。このため、主要な先進国のうち農産物の輸入国は日本のみである。確かに、開発途上国には農産物の輸入国も多いものの、前章で見たように、GATT/WTO では先進国と開発途上国では義務が異なることから、両国間の協力は成立しない。このため、先進国で輸入国という少数派の日本の主張は通りづらいのである。

本章のまとめ
1．WTO 農業協定の実施によって、主に輸出国の関心分野である関税、国内助成、輸出補助金では、一定の改革が進展した。
2．関税では、平均的には一定の削減が進展したものの、高関税品目が残り、品目別の関税率の格差も解消されなかった。
3．国内助成では、農産物の生産を促進する効果が大きい黄の政策から、そうした効果が少ないとされる緑の政策への転換が進展した。
4．輸出補助金では、WTO 加盟国全体の大半を占める EU の支出額が大幅に減少した。
5．輸入国の関心事項である輸出規制については、WTO への通報すら行われず、規律が形骸化している。

キーワード解説

WTO通報：WTO諸協定の規定に基づいて、政策の変更やWTO協定の履行状況等について、加盟国がWTO事務局に文書で通知すること。

デカップル所得支持：デカップル（decouple）とは、農産物の生産と農業者への保護を「切り離す」という意味で、農産物の生産量等に関連せずに支払われる直接支払い。

輸出規制：政府が輸出を制限する措置で、輸出の数量を直接的に制限する輸出制限と、輸出価格を引き上げて間接的に輸出を制限する輸出税がある。

重商主義：16世紀末から18世紀に西欧諸国で支配的だった経済政策で、輸出産業を育成する一方で輸入を抑制して貿易差額を蓄積し、国富を増大させようとする考え方。

考えてみよう

1. 図4-7に関連して、欧米では増加している緑の政策への支出額が日本では減少している理由について考えてみよう。
2. 冒頭の新聞記事や図4-15に関連して、輸出規制の発動国には開発途上国が多い理由について考えてみよう。

さらに学びたい人のために

馬奈木俊介編（2015）『農林水産の経済学』中央経済社

第2章（農業直接支払い）で、WTOに通報された主要先進国の国内助成の推移や日本の直接支払いの実績を示している。ただし、主眼は直接支払いのミクロ経済学的な分析におかれている。

林正徳・弦間正彦編著（2015）『「ポスト貿易自由化」時代の貿易ルール──その枠組みと影響分析』農林統計出版

第Ⅲ部第4章（各国の農業政策の分析手法── PSE/CSE指標による分析とその応用）に、AMSの基となった生産者支持推定量（PSE）と呼ばれる指標について、その開発の経緯や日米欧におけるAMSの推移との比較等を示している。

第5章 WTO協定下の重要品目の貿易制度
―― 米の輸入でなぜ赤字が出るのか

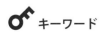 キーワード

重要品目／国家貿易企業／マークアップ／緊急関税措置／差額関税制度／農畜産業振興機構／調整金／糖価調整制度／国境措置

新聞記事で学ぶ：米の輸入でなぜ赤字が出ているの？

　政府が1995年度に始めた関税ゼロで米を受け入れる最低輸入量（ミニマムアクセス）の制度で、2013年度までの19年間で累計2723億円の損失が生じたことがわかった。輸入米の保管料がかかり、家畜の飼料用に安く転用した際などに損が発生したためだ。政府は毎年税金で損失を穴埋めしているが、自由化を拒んだ影響が納税負担につながっている。

　1993年のガット・ウルグアイ・ラウンドで細川護熙内閣は米に関税を設けて市場を開放する措置を拒む代わりに、一部だけ関税ゼロで輸入する内容で合意した。

　政府は［19］95年度に初めて約43万トンを輸入。輸入量は段階的に増やす約束だったが、［19］99年度に米に関税を導入したため、2000年度以降は約77万トンで固定している。これ以外のコメには1キロあたり341円の高い関税をかけてコメ農家を保護している。

　政府はミニマムアクセスで輸入した米が国内市場で出回って主食米の

> 価格を下げないように、年77万トンのうちほとんどをほかの使い道に回している。1トンあたり7万円のコメを輸入して同3万円の飼料用に転用したり、同2万円の輸送費を加えて海外援助に回したりして損失がでている。コメの保管料が年間で同1万円かかることも損失につながっている。
> 　政府は毎年一般会計から税金を繰り入れて対応している。消費者にとっては外国産よりも高いコメを購入しているうえに、納税者としての負担も迫られていることになる。こうした負担をなくすには世界貿易機関（WTO）で再交渉する必要があるが、コメ関税の引き下げなど代替措置を求められるのは必至で、政府内では慎重論が強い。（後略）
>
> 出所：日本経済新聞朝刊（2015年2月21日）「コメ無関税輸入制度」から引用。[　]内は筆者による注。ルビは筆者による。

本章で学ぶこと

　国産米の価格が高い日本で安い輸入米を販売すれば黒字になるはずなのに、逆に赤字になっているのはなぜだろうか。また、米以外の貿易制度は、どのような仕組みになっているのだろうか。本章では、WTO農業協定の下での日本の主要な農産物に関する貿易制度の現状について学ぶ。

1 農産物の重要品目

　WTOやEPAの交渉において、日本では農産物の重要品目という表現がよく用いられる。その語源は、第6章で説明するWTOドーハ・ラウンドで用いられたセンシティブ品目（→第6章）であり、「関税の撤廃や削減によって輸入が増えると国内の生産者や関連産業に大きな影響を及ぼす恐れがあるため、慎重な取り扱いが求められる品目」といった意味である。特に、第11章で取り上げるTPP協定（→第11章）の交渉では、米、麦、牛肉・豚肉、乳製品、砂糖が重要5品目とされ、その取り扱いが注目された。このため、本章で貿易制

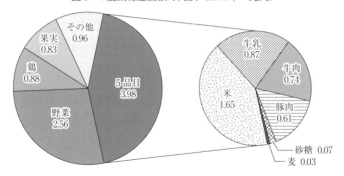

図 5-1 農業総産出額の内訳（2016年・兆円）

資料：農林水産省（2018）『平成28年生産農業所得統計』をもとに筆者作成

度を解説する主要な農産物の対象も、上記の重要5品目に絞ることにする。

まず図 5-1 には、日本の農業総産出額の内訳を示した。2016年の農業総産出額は9.2兆円で、農業産出額の合計が約4兆円の重要5品目はその43％を占めている。さらに、重要5品目の内訳を見ると、米、牛乳、牛肉、豚肉の産出額は相対的に大きいものの、砂糖や麦の生産額は数百億円に過ぎない。他方で、重要5品目に含まれない野菜の産出額は約2.6兆円で米よりも多く、同様に対象外の果実や鶏の生産額も牛肉や豚肉よりも多くなっている。このように農産品の重要5品目は、生産額の大きさではなく、国内生産を維持する上での関税による保護の重要性という観点から選ばれている。

2　重要5品目①　米

日本政府はウルグアイ・ラウンド農業合意で米の関税化（→第3章）を拒否し、輸入数量制限を維持する特例措置（→第3章）を選択した。しかし、その実施期間中の1999年度から、一転して関税化を行った。関税化と特例措置の違いは、第3章の図3-5に示したとおりである。右図の特例措置では、最大で292円/kgの枠内税率が課される枠内数量を超える輸入は実質的に禁止されていた。これに対して左図の関税化では、枠内数量を超える輸入を認め、そうした枠外数量に341円/kgの枠外税率を課す関税割当に転換した。341円/kgの

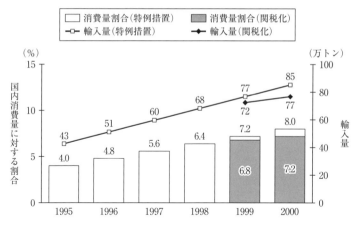

図5-2 米の輸入量の比較

資料：農林水産省「米をめぐる関係資料」（2018年3月）をもとに筆者作成

　枠外税率は、1986〜88年度の国産米と輸入米との内外価格差である402円/kgを基準とした上で、そこからウルグアイ・ラウンド農業合意における関税の最低削減率である15％分を削減した数値である。

　ここでは、図5-2に沿って日本が関税化を選択した理由を説明する。WTO農業協定では、特例措置は2000年度までの時限措置で、その後も継続するには輸出国に対して輸入量の拡大等の譲歩が必要なのに対し、特例措置を途中でやめて関税化すれば、輸入量の増加が半分になると規定されている。図5-2で見ると、米の輸入量は、1995年度以降に国内消費量の0.8％分ずつ増え、1998年度には6.4％に相当する68万トンとなった。しかし1999年度に関税化したため、米の輸入量は国内消費量の0.8％分を加えた77万トンではなく、0.4％分を加えた72万トンとなった。2000年度も同様に、前年度からの増加は0.4％分に抑えられて輸入量は77万トンとなり、現在もそれが維持されている。米の関税化への移行には、輸入量の抑制に加えて、特例措置への固執によって、2000年からのWTO交渉で他国との連携に支障が出ることを避ける狙いもあった。

　図5-3には、輸入米の用途別販売先の推移を示した。輸入米による国産米価格の下落を防ぐため、主食用の販売量の上限は10万トンに制限されており、近年の販売量はそれを下回っている。このため、従来の輸入米の用途は、国産

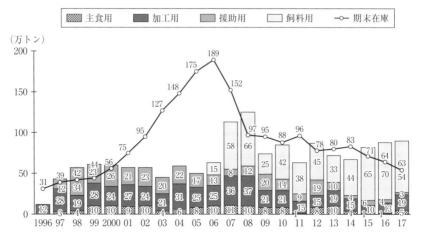

図5-3 輸入米の販売先の推移

資料：農林水産省「米をめぐる関係資料」（2018年3月）をもとに筆者作成

米と競合しないみそ、焼酎、米菓等の加工用が主体であった。しかし、2007年度以降は飼料用の販売が急増し、最近では圧倒的な割合を占めている。その背景には、国産米と競合しないように国内で需要が乏しい種類の米を輸入しているため、輸入米の販売が不振となり、一時は期末在庫が200万トン近くまで累積したことがある。このため、輸入米を本格的に飼料用に販売した2007年度以降は、期末在庫が急速に減少し、最近では60万トン程度まで低下している。

また図5-4には、輸入米の損益の推移を示した。まず売買損益は、輸入米の買入額と売渡額との差であり、当初は黒字だったものの、援助用や飼料用への売却が増えるにつれて差損が増大し、最近ではほぼ赤字となっている。他方で管理経費は、米を輸入した後の保管料、運搬費等にかかる経費であり、輸入米はすぐに販売されず、長期間にわたって国内の倉庫に貯蔵されているため、管理経費もかさんでいる。このように日本政府は、輸入米によって国産米の価格が低下しないようにするため、高い価格で購入した輸入米を長期間保管した後に非主食用に安い価格で売却することに伴って、多額の財政負担をしている。輸入米に伴う1995年度以降の損失は、2016年度までの累計で約4,000億円に達している。

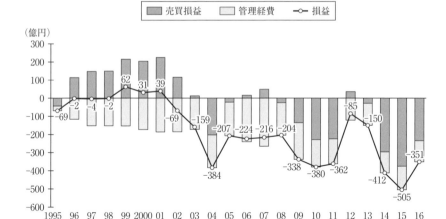

図 5 - 4　輸入米の損益の推移

資料：農林水産省「米をめぐる関係資料」（2018年 3 月）をもとに筆者作成

3　重要 5 品目②　麦

　米と同様に麦にも関税割当制度が適用されており、枠内数量内の麦は国家貿易企業である農水省が一元的に輸入している。ここでは、麦の中でも輸入量が最も多い小麦を取り上げることとし、その貿易制度を図 5 - 5 に示した。最近の日本の小麦の自給率は10％程度で、大半を輸入に頼っている。日本がウルグアイ・ラウンド農業合意で約束した枠内数量は574万トンであり、農水省は輸入業者（商社）から入札で小麦を買い入れた後、45.2円/kgを上限にマークアップと呼ばれる輸入差益を徴収した上で、別の入札で国内の実需者（製粉会社等）に売り渡している。こうした仕組みによって、農水省は最近では約800億円のマークアップ収入を獲得し、それを国内の麦作農家に対する補助金の原資に充てている。

　次に図 5 - 6 には、大麦を含む麦政策の損益の推移を示した。マークアップ収入は、農水省が輸入業者から麦を買い入れる輸入価格と、同省がそれを国内の実需者に売り渡す国内価格に左右される。このため、小麦の国際価格が大幅

図5-5 小麦の貿易制度

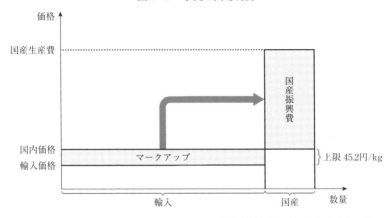

資料：農林水産省「麦の需給に関する見通し：参考資料」（2018年3月）をもとに筆者作成

図5-6 麦政策の損益の推移

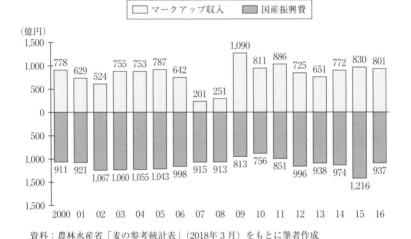

資料：農林水産省「麦の参考統計表」（2018年3月）をもとに筆者作成

に高騰した2007年から2008年には、輸入価格が上昇したため国内価格との差であるマークアップは減少した。しかし、小麦の国際価格が低下した近年は国内価格との差が再び拡大し、マークアップ収入も回復傾向にある。他方で国内振興費は、日本国内での小麦の生産量や小麦に対する補助金の単価に依存する。水田で米以外の作付けを支援する転作によって小麦の生産量は回復傾向にある

ため、最近は国内振興費も増加し、マークアップでまかなえない分は一般会計から補填されている。

重要5品目③　牛肉・豚肉

牛　肉

　図5-7に牛肉の貿易制度を示した。牛肉の貿易制度は重要5品目の中では最も単純で、通常は38.5％の従価税のみが課されている。図中の右上がり45度の細線は、関税がかからない場合の価格を表すのに対し、右上がりの実線は、38.5％の関税が課された後の価格を表す。ただし、日本がWTOで約束した牛肉の譲許税率は、右上がりの点線で示された50％である。つまり日本政府は、牛肉に最大で50％の関税を課す権利があるにもかかわらず、実際の適用税率は38.5％まで引き下げており、それはウルグアイ・ラウンド時のアメリカとの交渉に由来する。

　日本の牛肉は輸入数量制限の対象とされていたが、アメリカがGATTに提訴し日本が敗れたため、1991年度から関税に転換し、譲許税率を1993年度に50％まで削減することとした。さらに、ウルグアイ・ラウンド時のアメリカとの交渉の結果、日本は牛肉の譲許税率を50％に維持する一方で、実行税率を

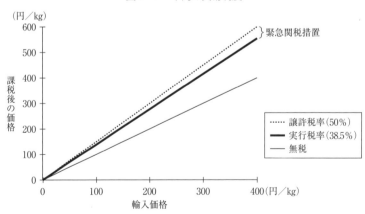

図5-7　牛肉の貿易制度

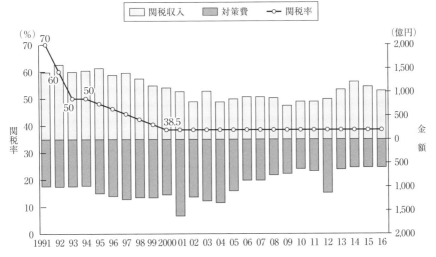

図5-8 牛肉の関税収入等の推移

資料：農林水産省「牛肉等関税収入と肉用子牛等対策費について（2017年度予算）」をもとに筆者作成

38.5％に引き下げた。その代わりに、四半期ごとの累計輸入量が前期同期の平均輸入量の117％を超えた場合には、牛肉の関税率を年度末まで譲許税率の50％に戻す**緊急関税措置**を導入した。このように、緊急関税措置は日本の法令に基づく措置で、WTO農業協定に基づいてウルグアイ・ラウンドで関税化（→第3章）した品目に適用される**特別セーフガード**（→第3章）とは異なる。日本の牛肉はウルグアイ・ラウンド前に関税化したため、特別セーフガードの対象ではない。

次に図5-8には、牛肉の関税収入等の推移を示した。上記のように、日本は牛肉を1991年度から関税化し、関税率は1991年度の70％から段階的に削減され、2000年度以降の実行税率は38.5％となっている。これに伴う関税収入は、2016年の牛肉輸入量が約50万トン、輸入額は約2,900億円と極めて大きいことを反映して、最近では1,000億円程度に達している。他方で、牛肉の関税収入は、直接農水省の収入となる米や小麦等のマークアップとは異なって税金そのものであるため、財務省の歳入となる。このため、牛肉の関税収入はいったん一般会計に組み入れられた後で、その相当分が農水省に交付され、1991年度の

第5章 WTO協定下の重要品目の貿易制度　77

牛肉の関税化を受けて創設された肉用牛農家への補助金等の財源に充てられている。

豚　肉

　輸入豚肉には**差額関税制度**が適用されており、その仕組みは図5-9のとおりである。差額関税は輸入価格に応じて課税額が変化する制度で、①輸入価格が65円/kg以下では482円/kgの従量税、②輸入価格が65〜524円/kgでは、482円/kgから23円/kgへと逓減する差額関税、③輸入価格が524円/kg以上では4.3％の従価税、がそれぞれ課される。ここで、差額関税から従価税に切りかわる境界の輸入価格（524円/kg）を分岐点価格と呼ぶ。こうした複雑な制度の背景には、養豚農家の保護を意図して、豚肉価格を一定の価格帯におさめる価格安定制度がある。つまり、低価格の輸入を抑制してその制度を維持する一方で、高価格の輸入には低い税率を適用することによって、生産者と消費者の利益のバランスを確保しようとしている。

　差額関税制度の仕組みは上記のとおりだが、実際には輸入業者が従量税や従価税を払うケースはほとんどない。その理由は、差額関税制度の下では、分岐点価格に相当する524円/kgの豚肉が最も関税額が低くなるため、平均単価が524円/kgになるように、豚肉の安い部位と高い部位を組み合わせる（コンビ

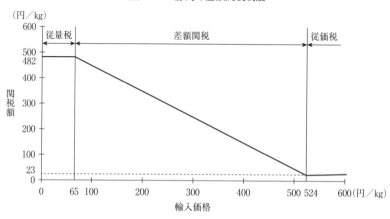

図5-9　豚肉の差額関税制度

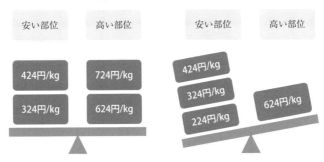

図5-10 差額関税制度の効果

平均単価524円/kg→関税額23円/kg　　平均単価399円/kg→関税額148円/kg

ネーション）輸入が大半だからである。その効果を図5-10に示した。分岐点価格より高い部位と安い部位を組み合わせた左図では、輸入品4個の平均単価は524円/kgで、関税額は23円/kgとなる。他方で、分岐点価格より安い部位に偏った右図では、平均単価は399円/kgで、関税額は148円/kgに上昇する。つまり、差額関税制度の下でも安い部位は輸入されるものの、コンビネーション輸入によって、安い部位の輸入量が抑制されるという効果がある。

　豚肉には、輸入が急増した際に関税率を引き上げる措置が2つある。第1は、WTO農業協定に基づく特別セーフガード（→第3章）である。豚肉は、ウルグアイ・ラウンドで関税化（→第3章）した品目であるため、輸入量の増加や国内価格の低下の際に関税率を自動的に引き上げる特別セーフガードが適用される。第2は、日本の法令に基づく緊急関税措置である。ウルグアイ・ラウンドでは、差額関税制度は維持する一方で、分岐点価格等の引き下げを受け入れた。その代わりに、豚肉の各四半期末までの累計輸入量が前3カ年同期の平均輸入量の119％を超えた場合には、分岐点価格等を元の水準に戻す緊急関税措置を導入した。ここで、特別セーフガードと緊急関税措置は根拠法令も発動基準も異なることから、同時に発動することができる。

5 重要5品目④　乳製品

　図5-11に示したように、牛乳・乳製品は多くの品目からなる。生乳は、長

図 5-11　乳製品の種類

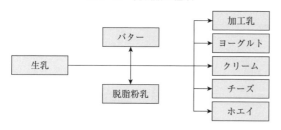

資料：農林水産省「農林水産物品目別参考資料」(2015年11月)をもとに筆者作成

期間の保存や長距離の運搬が困難であり、そのまま貿易されることは少ない。このため、保存や運搬がしやすいように、脂肪分を固めたバターや、残りの水分を除いて粉末にした脱脂粉乳として貿易される。ただし、バターと脱脂粉乳を水に溶かせば加工乳を作ることができるため、飲料や乳製品の原料となる。このため、輸入されたバターや脱脂粉乳は、国内の牛乳の生産と間接的に競合し、日本のような牛乳の生産コストが高い国では酪農家の存続が脅かされることになる。他方で、チーズやその副産物のホエイ等は加工乳に戻すことができないため、そうした懸念は少ない。日本の乳製品の貿易制度は、こうした乳製品の特性を踏まえたものとなっている。

乳製品の貿易制度は品目ごとに異なり複雑なため、図5-12にはバターの例を示した。バターの輸入は民間貿易と国家貿易に大別され、双方に関税割当が適用されている。民間貿易では、関税割当の枠内数量に対して35％の関税のみ

図 5-12　乳製品の貿易制度（バターの例）

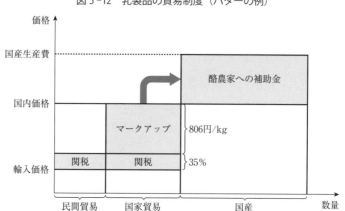

資料：農林水産省「農林水産物品目別参考資料」(2015年11月)をもとに筆者作成

表 5-1　乳製品の品目別の関税率

品目	輸入方式	関税率		マークアップの上限
		枠内税率	枠外税率 （カッコ内は従価税換算値）	
バター	国家貿易	35%	29.8% + 985円/kg (360%)	806円/kg
	民間貿易	35%	29.8% + 1,159円/kg	949円/kg
脱脂粉乳	国家貿易	25%、35%	21.3% + 396円/kg (218%)	304円/kg
	民間貿易	無税、25%、35%	29.8% + 425円/kg	326円/kg
ホエイ	国家貿易	25%、35%	29.8% + 425円/kg	326円/kg
	民間貿易	無税、10%、25%、35%	29.8% + 687円/kg	552円/kg
チーズ	民間貿易	プロセスチーズ原料用に国産品を一定割合使用すれば無税	29.8%	－

資料：農林水産省「農林水産物品目別参考資料」（2015年11月）をもとに筆者作成

が課されるが、割当を受けられるのは給食用等の特定の用途に制限されている。他方で、**農畜産業振興機構**が輸入する国家貿易では、関税割当の枠内数量に対して、35％の関税に加えて上限が806円/kgのマークアップも課される。こうして獲得したマークアップ収入は2013年度には23億円で、酪農家に対する補助金の財源に充てられる。なお、図5-12には示していないが、民間貿易と国家貿易の両方で、枠外数量に対して課される枠外税率は極めて高いため、輸入実績はほとんどない。

　最後に表5-1には、様々な乳製品の品目別の関税率等を要約した。加工品の原料のため価格が重要で、国産品に競争力がないバター、脱脂粉乳、ホエイは、国家貿易や関税割当の対象とした上で、高率の枠外税率やマークアップで国産品を保護している。また枠外税率には、従価税と従量税を同時にかける複合税が適用され、従量税は輸入品の価格が高くなるにつれて税率が低くなることから、従価税を追加することで国産品の保護効果を高めている。ここで、国家貿易の枠外税率の従価税換算値は、バターで360％、脱脂粉乳では218％に達している。これに対して、加工乳に還元できず、国産品に一定の競争力があるチーズは国家貿易の対象外であり、プロセスチーズの原料用に国産品を一定割

合使用すれば無税で輸入できる制度（抱き合わせ）があるほか、枠外税率も約30％と低くなっている。

6 重要5品目⑤ 砂　糖

　これまで見てきた重要品目は、概ね日本各地で生産されているが、砂糖の原料となるてん菜とさとうきびの生産地は、特定の地域に偏っている。具体的には、寒冷な気候が適したてん菜は北海道で、暖かい気候を好むさとうきびは沖縄県や鹿児島県の南西諸島で、それぞれ栽培されている。表5-2に示したように、てん菜の栽培農家、栽培面積、農業産出額の割合は、北海道ではそれぞれ19％、14％、7％となっている。また、さとうきびの栽培農家、栽培面積、農業産出額の割合は、沖縄県ではそれぞれ72％、47％、31％と極めて高く、鹿児島県の南西諸島でもそれぞれ66％、47％、37％で、同様に大きな割合を占めている。

　日本における2014年度の砂糖の年間消費量は、1人あたりで18.5kg、全体では236万トンで、消費量の88％は業務用として、菓子類や清涼飲料等の原料に使われている。このように、主に加工食品の原料向けの砂糖は価格が重視されるものの、ブラジル等の主要な輸出国と比べると生産の規模が小さく、国産糖の価格は輸入品よりも大幅に高い。例えば、同質の輸入品と比べた2012年度の国産糖の価格は、てん菜から作られるてん菜糖では1.9倍、さとうきびから

表5-2　砂糖農家の割合（2013年度）

		北海道	沖縄県	鹿児島県南西諸島
		てん菜	さとうきび	
実　数	栽培農家（戸）	7,668	15,557	8,453
	栽培面積（ha）	58,200	17,900	11,600
	農業産出額（億円）	361	151	111
各地域に占める割合	栽培農家（％）	19	72	66
	栽培面積（％）	14	47	47
	農業産出額（％）	7	31	37

資料：農畜産業振興機構（2015）『日本の砂糖を支える仕組み』をもとに筆者作成

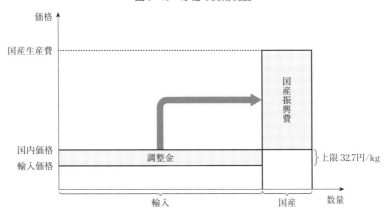

図 5-13 砂糖の貿易制度

資料：農畜産業振興機構（2015）『日本の砂糖を支える仕組み』をもとに筆者作成

作られる甘しゃ糖では5.4倍もする。このため、国産品には価格競争力がなく、輸入品並みの価格へ生産コストを下げることも難しい一方で、北海道や沖縄県といった地域では重要な地位を占めていることから、貿易制度による保護が行われている。

　図5-13には、砂糖の貿易制度を示した。砂糖は、ウルグアイ・ラウンド前から関税化されているため**特別セーフガード**（→第3章）の対象外であり、関税割当も適用されていない。他方で砂糖の譲許税率は71.8円/kgであり、これは従価税に換算すると328％で極めて高い。実際には関税は無税なのに対して、**国家貿易企業**である**農畜産業振興機構**が、砂糖の原料の粗糖を輸入して砂糖を製造する精糖企業から32.7円/kgを上限に調整金を徴収し、国内の生産者や産地の製糖業者への補助金の財源に充てている。こうした仕組みを**糖価調整制度**という。なお、ここで関税ではなく調整金という用語が用いられるのは、関税であれば税金として財務省の歳入になるのに対して、調整金は農水省の収入になるからである。

　さらに図5-14には、砂糖の調整金収支の推移を示した。輸入糖から徴収される調整金の収入は、ここ10年ほどは500億円前後で推移している。他方で、てん菜・さとうきびの生産者や産地の製糖業者に対する補助金の総額は恒常的

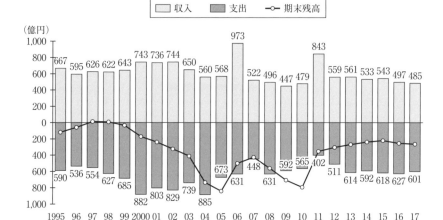

図5-14 砂糖の調整金収支の推移

資料：農畜産業振興機構ウェブサイト（https://www.alic.go.jp/sugar/）をもとに筆者作成

にこれを上回り、収支の累積差損が拡大してきた。このため、2010年以降は、輸入粗糖を使う精糖企業に対する調整金の負担率の引き上げ、生産者と国内製糖業者に対する補助金の単価の引き下げ、一般会計からの資金投入を実施し、最近では期末残高の赤字額は減少している。

7 おわりに

　本章で概観した重要5品目の貿易制度は、図5-15に示した品目ごとの自給率と深い関係がある。まず、自給率が低い小麦や砂糖では、高い輸入依存度を活かして政府が輸入品からマークアップや調整金を徴収し、それを農家等への補助金の財源に充てている。この仕組みには、輸入が増えるほど補助金の財源も増加するという利点がある。他方で、自給率がほぼ100％で生産が過剰な米では、追加的な輸入の余地は乏しく、ミニマム・アクセス米は、政府の財政負担によって主に非主食用に販売し、国産米の価格低下を防いでいる。最後に、これらの中間の牛肉では、以前は米と同様の輸入数量制限で高い自給率を維持していたが、関税への転換を余儀なくされると、小麦等のように関税収入を補

図5-15 重要5品目の自給率の推移

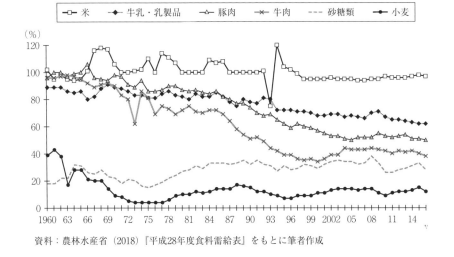

資料：農林水産省（2018）『平成28年度食料需給表』をもとに筆者作成

助金の財源とする制度に転換した。

　このように日本は、多くの**重要品目**において、輸入品から得られる関税等の収入を財源に生産者を保護する貿易制度をとっており、その主な理由は保護の財源を容易に確保できるからである。小麦のマークアップや牛肉の関税のような**国境措置**による保護は、いったん設定されればほぼ永続的に収入が得られるため安定しているのに対し、直接支払いのような税金による保護は、毎年国会の承認が必要なため不安定である。また、国境措置によって輸入品の価格が上昇しても、消費者が負担する費用は不明確なのに対して、税金による保護の費用は、政府の予算書に明記されるため明確である。このため農水省には、保護の財源として安定的で、費用が不明確なため消費者の抵抗が少ない国境措置を維持しようとする誘因がある。

本章のまとめ

1. 重要5品目の貿易制度は以下の通りであり、生産額ではなく、国内生産を維持する上での国境措置による保護の重要性を基準としている。

2．米：関税化後も関税割当で輸入を制限した上で、国家貿易を通じて輸入した米を財政負担により非主食用に販売し、価格の低下を防いでいる。
3．麦：輸入依存度が高く、国家貿易を通じて輸入小麦からマークアップを徴収し、麦作農家への補助金の財源に充てている。
4．牛肉：実行税率は38.5％と低いが、関税収入は牛肉農家の補助金に充てられ、輸入急増時には関税率を50％に戻す緊急措置が発動される。
5．豚肉：輸入品の価格に応じて税額が変わる差額関税で安い部位の輸入を抑制し、輸入急増時には特別セーフガードや緊急措置が発動される。
6．乳製品：バターや脱脂粉乳等は関税割当で輸入を制限した上で、国家貿易でマークアップを徴収し、酪農家への補助金の財源に充てている。
7．砂糖：輸入依存度が高く、輸入粗糖から調整金を徴収し、てん菜・さとうきびの生産者や産地の製糖業者への補助金の財源に充てている。

 キーワード解説

重要品目：関税の撤廃や削減によって輸入が増えると国内の生産者や関連産業に大きな影響を及ぼす恐れがあるため、慎重な取り扱いが求められる品目で、特に米、麦、牛肉・豚肉、乳製品、砂糖を重要5品目という。

国家貿易企業：政府から与えられた特権に基づいて輸出入を行う機関で、米と麦では農水省が、乳製品等では農畜産業振興機構が該当する。

マークアップ：国家貿易企業が輸入品から徴収する内外価格差相当の輸入差益で、米や麦では農水省、乳製品では農畜産業振興機構が徴収している。

緊急関税措置：日本の法令に基づいて、輸入量が一定水準を超えた場合に、関税率等を譲許水準まで引き上げる措置で、牛肉と豚肉に適用されている。

差額関税制度：豚肉の輸入価格に応じて税額が変わる制度で、税額を抑えるために高い部位を混ぜるため、安い部位の輸入を抑制する効果がある。

農畜産業振興機構：農水省所管の独立行政法人で、輸入される乳製品や粗糖からマークアップや調整金を徴収・交付する業務等を行っている。

調整金：農畜産業振興機構が輸入粗糖を使う精糖企業から徴収する輸入差益で、国内生産者や産地の製糖業者への補助金の財源に充てられている。

糖価調整制度：輸入糖から調整金を徴収して価格を上げる一方で、それを財源に国内産糖の価格を下げることにより、双方の価格を平準化する制度。

国境措置：物品の輸出入に影響する政府の措置で、通常は税関が徴収する関税を指すが、日本では農水省の収入となるマークアップや調整金を含む。

❓ 考えてみよう

1. 図5-2に関連して、ウルグアイ・ラウンドで特例措置に固執した日本が、その後一転して米を関税化した理由について考えてみよう。
2. 冒頭の新聞記事や図5-4に関連して、日本の米輸入で大幅な赤字が発生している理由について考えてみよう。
3. 図5-5、図5-12、図5-13に関連して、マークアップや調整金を国内保護の財源に充てる貿易制度の利点と問題点について考えてみよう。

▶ さらに学びたい人のために

清水徹朗他（2012）「貿易自由化と日本農業の重要品目」『農林金融』第65巻第12号、814～837ページ
　重要5品目を中心とする貿易自由化の経緯、日本の生産や輸入の動向、貿易制度の現状について、本章よりもさらに詳しく解説している。

農畜産業振興機構「日本の砂糖を支える仕組み」（2015年12月）
　砂糖の価格調整制度に関する一般向けの解説資料で、豊富なデータや図表を交えたわかりやすい内容となっている。

農林水産省「農林水産物　品目別参考資料」（2015年11月）
　第11章で説明するTPP交渉の妥結を受けて作成された資料で、重要5品目を含む農林水産物の貿易制度に関する詳細な情報を含んでいる。

第6章 WTOドーハ・ラウンド交渉
―― 多国間の交渉はなぜまとまらなくなったのか

 キーワード

一括妥結／モダリティ／枠組み合意／G10／ケアンズ・グループ／階層方式／センシティブ品目／特別品目／貿易歪曲的国内助成総額／部分合意

📰 新聞記事で学ぶ： ドーハ・ラウンドはなぜまとまらないの？

　世界貿易機関（WTO）交渉の停止で、自由貿易を世界に広げていこうとする流れが止まった。まとまりやすい国だけで自由化する動きが強まり、貧しい国が取り残されるおそれがある。第2次大戦の反省から生まれた自由貿易という理想が崩れようとしている。（中略）

　モノやサービスを自由に売り買いできる市場を世界に広げれば、経済が大きくなる恩恵でみんなが豊かになれる。そうした自由貿易の理想が、戦後の「関税貿易一般協定」（GATT）から、今のドーハ・ラウンドに引き継がれてきた。

　ドーハ交渉の最大のテーマになったのが「各国がどこまで関税を下げるか」だった。日本の農業のように、各国とも競争力に自信がない分野の輸入品には関税をかけ、産業を守る。その関税を取り除き、自由貿易を広げることができないか。

　2008年の交渉では、競争力のある輸出品を多く持つ先進国の関税率は

大きく下げ、そうでない途上国の関税率はあまり下げないという案を軸に決着のタイミングを探った。だが、どの国にも守りたい産業や製品などが多く、妥協点を見いだすことはできなかった。とくに途上国には、グローバル企業から国内産業を守ろうとする意識が強く、先進国との対立が解けない。

最近では、急成長する中国などに「先進国並み」の対応を求め、大幅な市場開放を迫る動きも強まった。これに中国などが反発し交渉をさらに難しくしていた。（中略）

国どうしの対立があれば紛争を処理するのはWTOしかないし、今後も「行司役」としての機能は残る。だが、これからはその役割も低下するとの心配が出ている。世界に自由貿易を広げる「旗振り役」の意義が薄れ、各国がばらばらに貿易の枠組みづくりをするようになりかねないからだ。（後略）

出所：朝日新聞朝刊（2011年12月19日）「多国間貿易交渉の挫折」（前川浩之＝ジュネーブ、大日向寛文、ロンドン＝有田哲文）から引用。

本章で学ぶこと

WTO発足後の最初の交渉として2001年に始まったドーハ・ラウンドは、2008年に決裂し、その後も妥結のめどは立っていない。GATTの時代には成功していたラウンドが、WTOではなぜまとまらなくなったのだろうか。本章では、WTOドーハ・ラウンドの経過と決裂の原因について学ぶ。

1 ドーハ・ラウンドの概要と経過

WTO協定の一部では、将来の交渉時期が定められていた。例えば農業では、農業協定20条（改革過程の継続）に、2000年初めからの改革過程の継続のための交渉開始が規定されている。またサービス貿易では、GATS第19条（特定の

図6-1　ドーハ・ラウンドの対象分野

農　業	・農産品の関税や補助金の削減
非農産品関税	・工業品等の関税の削減
貿易ルール	・不当な安値での輸出等の防止
サービス貿易	・金融・通信等の外資規制の撤廃
知的財産権	・ワイン等の通報・登録制度の設立
開　発	・開発途上国に対する関税等の優遇措置
貿易円滑化	・税関手続きの簡素化や規則の事前公表
環　境	・環境に配慮した製品の関税撤廃

資料：読売新聞朝刊（2013年12月8日）をもとに筆者作成

約束についての交渉）に基づいて、1999年末からのサービス貿易自由化のための交渉開始が明記されている。しかし、分野が限定的で期限も設けられていないため、交渉の妥結は困難と見られていた。例えば、主に工業品を輸出し農産品を輸入している日本のような国は、工業品の関税削減が対象外では、交渉に参加するメリットが感じられない。このため、2000年からの包括的なラウンドの開始を目指して、1999年にアメリカのシアトルでWTO閣僚会議が開催されたが、決裂に終わった。

そこで、2001年9月に中東カタールのドーハで再度WTO閣僚会議が開催され、包括的なラウンドの開始に合意した。WTO加盟国には、農産品を輸出したい、サービスを輸出したい、知的財産権の保護を強化したい、といった様々な立場がある。このため、ラウンドの対象分野を拡大すれば、各国は関心分野の利益獲得を目指して交渉に本腰を入れるようになる。またラウンドの終盤では、工業品の輸出を拡大したい国は、その見返りに農産品の分野で譲歩するといった分野間の取引が成立し、交渉がまとまりやすくなる可能性もある。こうした配慮から、ドーハ閣僚会議で採択されたドーハ閣僚宣言では、交渉対象を図6-1に示した8分野に拡大し、それらの一括妥結を原則として、ドーハ・ラウンドの開始に合意した。

ドーハ・ラウンドは、次のような経過をたどった。2001年のドーハ閣僚会議を受けて、2002年から本格的な交渉が始まった。2003年のメキシコのカンクン閣僚会議では、農業分野では各国共通の関税削減率等を定めるモダリティ合意を目指したが決裂し、投資等の交渉も断念された。他方で、2004年の非公式閣

僚会合では、関税削減の考え方等を盛り込んだ**枠組み合意**が成立した。また、2005年の香港閣僚会議では、農業分野では**輸出補助金**（→第3章）撤廃をする方向性に合意した。しかし、2008年の非公式閣僚会合は農業分野等をめぐって決裂し、交渉が停止された。さらに、2011年のジュネーブ閣僚会議では、一括妥結を断念し、部分的な合意を積み上げる方向性が示された。このように、ドーハ・ラウンドが妥結するめどは立っていない。

2 農業交渉の範囲と構図

　ドーハ・ラウンド農業交渉の範囲と目的は、2001年のドーハ閣僚宣言に明記されている。まず交渉の範囲は、①関税、②国内助成、③輸出競争の3分野である。また交渉の目的は、関税では、関税の削減や関税割当数量の拡大等による「市場アクセスの実質的な改善」であり、国内助成では、価格支持や生産を促進する直接補助金等といった「貿易を歪める国内助成の実質的な削減」である。さらに輸出競争については、「全ての形態の輸出補助金の段階的な廃止を視野に入れた削減」である。ここで、**輸出補助金**に「廃止」という表現が含まれているのは、工業品に対する輸出補助金は既に撤廃されており、農産品に対する特例はドーハ・ラウンドで終わりにすべきという意見が加盟国の大勢だったことを反映している。

　ラウンドを含むWTOの意思決定は、全加盟国の同意が原則となっている。他方で、全ての加盟国が一堂に会して交渉して合意を形成することは、実際には不可能である。このため、WTOではGATTの時代から、有力な少数国が合意案を作成し、それに同意する国を徐々に増やすことによって、全ての加盟国の合意を得るのが慣例とされてきた。この場合、小国は少数国の会合には参加できず、自らの合意に反映させる機会も乏しいことから、そうした国々が影響力を発揮するには、主張が近い国々でグループを結成するのが有効となる。農業交渉での主要なグループは図6-2に示したとおりで、その参加国は、所得水準（先進国か開発途上国か）と食料の貿易収支（輸出国か輸入国か）で規定されている。

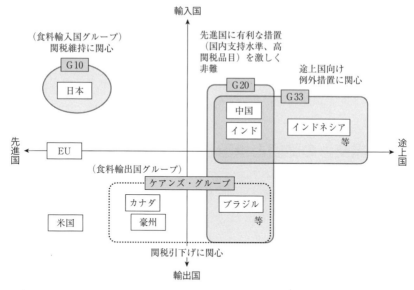

図6-2　農業交渉の主要グループ

資料：農林水産省「WTO農業交渉について」（2016年5月）より転載

表6-1　主要なグループの主張

	G10	EU	アメリカ	ケアンズグループ	G20	G33
リーダー	日本			オーストラリア	ブラジル	インドネシア
所得水準	先進国	先進国	先進国	先進国と開発途上国	開発途上国	開発途上国
貿易収支	輸入国		輸出国	輸出国	輸入国と輸出国	主に輸入国
攻め			関税の削減	関税の削減	先進国の関税や国内助成の削減	
守り	関税の維持	国内助成や輸出補助金の維持	国内助成の維持			開発途上国の特別扱い

　次に、主要なグループの主張を表6-1に要約した。日本がリーダーのG10は食料輸入先進国のグループで、関税の維持を重視している。関税同盟（→第9章）のEUは、食料貿易収支はほぼ均衡しており、国内助成や輸出補助金の

図6-3　G10のメンバー国・地域

維持に関心が高い。食料輸出先進国のアメリカは、輸出拡大のために関税の削減を求める一方で、自国の国内助成の維持を主張している。オーストラリアがリーダーのケアンズ・グループは、先進国と開発途上国の食料輸出国が参加しており、輸出拡大のために関税の削減を求めている。ブラジルがリーダーのG20は食料輸出途上国のグループで、先進国の関税や国内助成の削減を求めている。最後に、インドネシアがリーダーのG33は食料輸入途上国のグループで、開発途上国の特別扱いを求めている。

図6-3には、日本が参加するG10のメンバー国・地域を示した。G10の立場は、農業の多面的機能のような非貿易関心事項を根拠として、貿易自由化で農業に特別扱いを認めるべきというものである。経済規模の大きいアメリカやEUといった主要な先進国や地域の中で、食料の純輸入国は日本だけであり、仮にラウンドの合意案を作成する少数国の協議に参加できたとしても、関税を中心とする農業保護の維持を主張する日本は孤立しがちである。また、開発途上国は輸出拡大のために先進国の関税や国内助成の削減を求めているため、食料輸入途上国との協力は成立しない。このため日本は、立場が近い東アジアの韓国・台湾や、EUに加盟していないスイスやノルウェー等の欧州諸国を主体とするグループに参加している。

3 農業交渉合意案の概要

農業交渉は次の3つの段階が想定されていた。第1段階は枠組み交渉で、現

図6-4　一般品目の関税削減方式

階層と関税削減率

現行の関税率	関税の削減率
75％〜	70％
50〜75％	64％
20〜50％	57％
0〜20％	50％

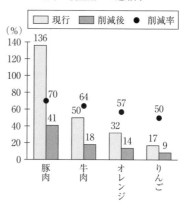

資料：農林水産省「WTO農業交渉の現状」（2011年5月）をもとに筆者作成

行の関税率が高い品目ほど関税を大幅に削減するといった、関税削減の考え方を含む合意の大枠を設定する。第2段階はモダリティ交渉で、具体的な関税削減率の数値や詳細な要件等が入った各国共通のルールであるモダリティを確立する。第3段階は譲許表交渉で、「品目Aの関税率はX％とする」といった、各国ごとに具体的な約束を決定する。ドーハ・ラウンド農業交渉では、ドーハ閣僚宣言には明記されていなかった**枠組み合意**が2004年7月に成立した。しかし、当初は2003年3月が期限だったモダリティ交渉は、2008年7月の非公式閣僚会議が決裂して合意に至らず、このため譲許表交渉には着手されていない。

以下では、ドーハ・ラウンドの到達点を示すために、最終的には決裂したものの、合意に最も近づいたとされる2008年時点の農業交渉合意案の概要を紹介する。

関　税

関税削減の方法は図6-4に示した。現行の関税率に応じて階層を設けた上で、関税率が高い階層の品目ほど削減率が大きい**階層方式**が採用され、その対象となる品目を一般品目という。階層と関税削減率の対応は左表の通りで、現行の関税率が75％以上の品目は70％削減、50〜75％の品目は64％削減、20〜

図6-5 重要品目の関税削減方式

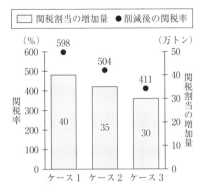

資料:農林水産省「WTO農業交渉の現状」(2011年5月)をもとに筆者作成

50％の品目は57％削減、0～20％の品目は50％削減となる。この方式は、ウルグアイ・ラウンドでも解消されなかった関税率の格差を縮小する狙いがある。また右図には、この方式を日本の農産品に適用した場合の関税率を示した。例えば、豚肉の従量税482円/kgは従価税に換算すると136％で、それを70％削減すると関税率は41％相当となる。また、譲許税率が50％の牛肉の削減率は64％で、削減後の関税率は18％となる。

他方で、関税割当品目をセンシティブ品目に指定し、関税割当数量を増やす代わりに、枠外税率の削減率を一般品目より緩やかにする選択肢もある。その仕組みを図6-5に示した。左表に示したように、センシティブ品目の関税削減率と関税割当の拡大幅には3つの組み合わせがある。例えばケース1では、関税削減率を一般品目の1/3に抑制すると、最高階層に属する品目の関税削減率は23％(＝70％×1/3)となり、その代わりに関税割当数量を国内消費量の4％分拡大する。右図は、このルールの日本の米への適用例である。例えばケース1の場合には、関税率の従価税換算値を598％{778％×(1－0.23)}へと削減し、関税割当の増加量は、米の国内消費量を仮に1,000万トンとすると、その4％分の40万トンとなる。ただし、センシティブ品目に指定できるのは、品目数の原則4％に限られる(日本は8％を主張した)。

以上は先進国向けのルールで、開発途上国には追加の特例が設けられている。

図6-6 黄の政策の削減方式

階層と削減率

現在の上限	削減率	対象国
400億ドル〜	70%	EU・日本
150〜400億ドル	60%	アメリカ
0〜150億ドル	45%	その他

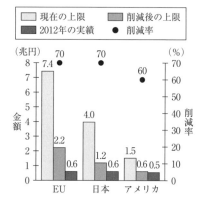

日米欧への適用例

資料：農林水産省「WTO農業交渉の現状」(2011年5月)をもとに筆者作成

まず、先進国のセンシティブ品目に対応するものとして、開発途上国には**特別品目**の指定が認められている。その上限は農産品の品目数の12%分とされ、関税削減率は平均11%でよく、12%分のうち5%分は関税を削減する必要がない。さらに開発途上国には、開発途上国向け特別セーフガード（SSM）の新設が認められている。具体的には、輸入の増加や価格の低下の際に自動的に関税を引き上げることができ、一定の条件を満たせば、譲許税率を超える引き上げも認められている。このように合意案は、関税削減からの免除や特別セーフガードでの譲許税率を超える関税引き上げを認めている点で、開発途上国に対して極めて寛大な内容となっている。

国内助成

合意案では、WTO農業協定の国内助成の分類は維持しつつ、様々な規律の強化が図られている。まず**黄の政策**（→第3章）には、現在のAMS上限を3つの階層に分け、高い階層に属する国ほど大きく削減する**階層方式**が適用される。その仕組みは図6-6のとおりである。AMSの削減率は、左表に示したように、現在のAMS上限に応じて70%、60%、45%の3段階とされ、EUと日本は最上位の階層、アメリカは中位の階層となる。右図には、この方式の日

図6-7 貿易歪曲的国内助成の削減方式

階層と削減率

基準額	削減率	対象国
600億ドル〜	80％	EU
100〜600億ドル	75％	日本
	70％	アメリカ
0〜100億ドル	55％	その他

日米欧への適用例

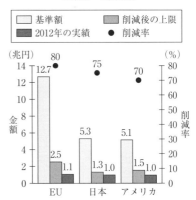

資料：農林水産省「WTO農業交渉の現状」（2011年5月）をもとに筆者作成
注：試算に必要なデータが不十分なため、右図の金額は概算である。

米欧への適用例を示した。例えば、日本の現在のAMS上限は4兆円で、それを70％削減すると1.2兆円となる。しかし、日本の2012年度のAMSは6,089億円でそれよりも低い。実績が削減後の上限よりも低いのはEUやアメリカも同様であり、この方式によって黄の政策の削減を強いられるわけではないが、今後それを増やす余地は狭められる。

さらに合意案では、国内助成に追加的な削減義務が課される。具体的には、青の政策（→第3章）、黄の政策（→第3章）、デミニミスの合計を貿易歪曲的国内助成総額と定義し、その基準額の階層が高い国ほど大きく削減する階層方式が適用される。その仕組みは図6-7のとおりである。貿易歪曲的国内助成総額の削減率は、左表に示したように、基準額に応じて原則として80％、70％、55％の3段階となり、EUは最上位の階層で、日本とアメリカは中位の階層だが、日本は他の条件で削減率が加算されて75％となる。右図には、この方式の日米欧への適用例を示した。例えば、日本の貿易歪曲的国内助成総額の基準額は5.3兆円で、それを75％削減すると1.3兆円となる。しかし、日本の2012年度の実績は1兆円でそれよりも低い。こうした点はEUやアメリカも同様だが、今後に貿易歪曲的国内助成総額を増やす余地は狭められる。

以上の他にも、国内助成では様々な規律の強化が図られている。まず、黄の政策に対しては、上述したAMS総額での削減に加えて、品目別の支出額は、原則として1995～2000年の平均までとする上限が設定される。次に、青の政策に関しては、全体の支出額を1995～2000年の平均農業生産額の2.5％までとする上限に加えて、品目別の支出額も原則として1995～2000年の平均までとする上限が設定される。さらに、生産額の5％以下の黄の政策がAMSから除外される先進国のデミニミスについては、現行の農業生産額の5％から2.5％に削減される。他方で、生産を促進しないとされている緑の政策（→第3章）については、現在の枠組みや要件が維持されている。

輸出競争

　輸出競争は、農産物輸出を促進するための政府の支援策に対する規律であり、WTO農業協定では、輸出補助金、輸出信用、食料援助の3種類について規定されている（→第3章）。合意案では、主にEUが使用している輸出補助金については、2005年の香港閣僚会議で合意されたように、ラウンドの妥結を条件に、2013年末までの撤廃が求められている。次に、主にアメリカが使用している輸出信用については、代金の返済期間を180日以内に制限すること等によって、輸出補助金の性格を廃止することが求められている。さらに、主にアメリカが活用してきた食料援助については、供与した食料の代金返済を求めるような制度を廃止し、食料の無償贈与に限定することが定められている。

　最後に、WTO農業協定には規定されていない輸出国家貿易企業についても、新たな規律が導入されている。輸出国家貿易企業とは、カナダやオーストラリア等の農産物輸出国において、小麦や乳製品等の国内での買い入れや国外への輸出を独占的に扱っている機関で、カナダ小麦ボードやオーストラリア酪農公社等が代表例である。輸出国家貿易企業は、その国の輸出を一手に担っていることから、独占的な地位を利用して輸出価格や輸出量の操作を行うことが可能で、それによって輸入国が高価格での購入を強いられたり、他の輸出国が競争上不利になったりするという問題が指摘されている。このため合意案では、輸出国家貿易企業に対する独占権の付与を廃止することが求められている。

表6-2　輸出制限の規律の比較

	WTO農業協定	農業交渉合意案
規律の対象	・先進国と食料の純輸出国である途上国に限り規律対象（その他の途上国は対象外）	・先進国、途上国問わず規律対象
発動期間	・実施期限の定めなし（いつまででも輸出禁止・制限措置を維持することが可能）	・現行の措置は撤廃 ・新規の措置は原則1年以内に撤廃
通報・監視	・輸出禁止・制限措置を新設する国は、農業委員会に実行可能な限り事前かつ速やかに通報	・農業委員会は通報を毎年更新し、通報義務の履行を監視

資料：農林水産省「WTO農業交渉の現状」（2011年5月）をもとに筆者作成

輸出制限

　第3章で説明したように、WTO農業協定では、食料等の一時的な輸出数量制限を認めるGATTの規定を維持した上で、**数量制限**（→第3章）を発動する際のルールを新設した。しかし第4章で見たように、実際には輸出制限に関するWTOへの通報は行われず、規律が形骸化している。このため、日本等の主張を反映して、合意案では輸出制限に対する規律が強化されている。

　その内容は、表6-2に示したとおりである。まず、規律の対象に関しては、現行の農業協定では食料の純輸出国でない開発途上国は規律の対象外のため、輸出制限のWTOへの通報や輸入国との協議を行う必要はないが、合意案では、全ての加盟国が規律の対象とされている。また、輸出制限の実施期間については、農業協定には特段の規定がなく、永久に維持することができるのに対して、合意案では、現行の措置は撤廃した上で、新規の措置も原則1年以内に撤廃することが求められている。さらに、輸出制限の通報や監視については、農業協定に規定された「実行可能な限り事前かつ速やか」な通報が行われていないことを踏まえて、合意案では、農業委員会が通報を毎年更新した上で、通報義務の履行を監視することとされた。

4　交渉決裂後の動向

　2008年に交渉が決裂して以降、ドーハ・ラウンドは次のような経過をたどっ

た。まず、2011年のジュネーブ閣僚会議では、交渉の一括妥結を断念し、可能な分野の部分合意を積み上げる方向性が示された。これを受けて2013年のインドネシアのバリ閣僚会議では、農業の一部、貿易円滑化、開発の3分野で合意し、ドーハ・ラウンドの今後の作業計画の策定を決めた。しかし、2015年のケニアのナイロビ閣僚会議では、農業分野の輸出補助金の撤廃等で合意したものの、ドーハ・ラウンドについては、その継続を主張する開発途上国と、取りやめた上で新たな分野を求める先進国の対立が解けず、閣僚宣言では両論が併記された。さらに、2017年のアルゼンチンのブエノスアイレス閣僚会議では、加盟国間の対立により閣僚宣言が採択されなかった。

このように、ドーハ・ラウンドをめぐる対立は一向に解消されず、加盟国の関心も低下しており、妥結の見通しは立っていない。確かに2013年や2015年の閣僚会議では、農業分野の一部について合意が得られたものの、その内容は、最大の供与者であるEUが既に使用をほぼ停止している輸出補助金の撤廃のように、実質的な負担を伴わない小粒なものばかりである。他方で、関税や国内助成の削減のような農業の主要分野に関しては、本格的な交渉は進んでいない。このためWTOは、WTO協定をめぐる紛争処理や加盟国の貿易政策の監視については、依然として重要な役割を果たしているものの、貿易障壁の削減や世界共通の貿易ルール作りを主導することはもはや困難となっている。

5 交渉決裂の原因

第3章で見たように、GATTの時代には8回のラウンドが妥結したのに対し、WTO発足後のドーハ・ラウンドは妥結の見込みがなく、事実上決裂に終わった。その主な原因には、先進国と開発途上国の対立がある。まず、関税等の伝統的な分野では、一部の先進国は、開発途上国の工業品の関税削減を主張する一方で、自国の農産品の関税や国内助成の大幅な削減には総じて消極的である。これに対して開発途上国は、先進国の農産品の関税や国内助成の大幅な削減を主張する一方で、自国の工業品の関税削減には後ろ向きである。また新分野でも、先進国はサービス貿易のさらなる自由化や投資等の新たなルール策

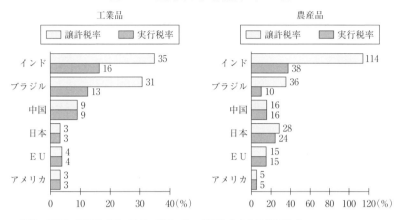

図6-8 主要国の平均関税率（2006年）

資料：WTO（2007）『World Tariff Profiles 2006』をもとに筆者作成

定を求めているのに対し、こうした分野に強みを持たない開発途上国は、消極的な姿勢をとっている。

　このような対立の背景は、主要国の工業品と農産品の平均関税率を示した図6-8でより明確になる。まず、左図に示した工業品の関税率を見ると、日米欧の先進国は極めて低いのに対して、特にインドやブラジルは依然として高い。このため、工業品の輸出を伸ばしたい先進国は、関税の大幅な削減を求めているが、開発途上国はこれに抵抗している。他方で、右図に示した農産品の関税率では、先進国でも日本やEUの関税率は依然として高い。開発途上国には農産品の輸出国も多いことから、関税や国内助成の大幅な削減を求めているが、多くの先進国はこれに抵抗している。このように、先進国と開発途上国の主張は正反対で、相手側が譲らないと自分も譲らないとの姿勢を崩さないため、交渉が行き詰まっている。

　他方で、こうした先進国と開発途上国の対立は、ウルグアイ・ラウンドの際にも存在しており、ドーハ・ラウンド決裂の根本的な原因には、先進国の衰退と新興国の台頭という世界経済の構造変化がある。GATTの時代には、世界のGDPや貿易額の圧倒的多数を占めるのはアメリカ等の先進国で、開発途上国の割合は小さかった。このため、表3-1でも見たように、交渉参加国は

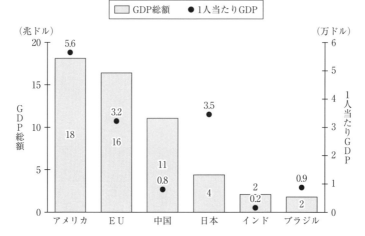

図6-9 先進国と新興国の比較（2015年）

資料：世界銀行「World Development Indicators」（2018年10月）をもとに筆者作成

　GATTウルグアイ・ラウンドでは100カ国に迫っていたものの、交渉を主導し合意を実施するのは主に先進国だった。図6-8を見ても、インドやブラジルの譲許税率は極めて高く、GATTのルールが開発途上国には甘かったことがわかる。このようにGATTでは、自国の義務が軽かったために、開発途上国も先進国主導の合意を追認していた。

　しかし、ドーハ・ラウンドが始まった2000年代以降は、中国、ブラジル、インド等の新興国が成長し、世界のGDPや貿易額に占める割合も高まった。このため先進国は、新たな輸出先である新興国に関税削減を要求したものの、経済成長に伴って発言力が増した新興国は、自らは未だに開発途上国との意識が強いため、大幅な関税削減に抵抗している。またウルグアイ・ラウンドでは、WTO協定の対象範囲がサービス貿易の自由化や知的所有権の保護等にも拡大されたのに対して、開発途上国は自国の利益が乏しいこうした分野での約束の実施に苦慮し、先進国が求める新分野のルール策定により消極的になった。つまり、ウルグアイ・ラウンドの成功が、開発途上国の参加意識を高め、ドーハ・ラウンドの妥結を困難にした面もある。

　こうした双方の対立は、図6-9に凝縮されている。まずGDPの総額で見

ると、中国は米欧に次ぐ3位で、日本の2.5倍にも達する。他方で、中国の1人あたり GDP は約8,000ドルで、高所得国の基準とされる1万ドルに満たない。つまり中国は、GDP 総額では経済大国だが、1人あたり GDP では未だに開発途上国である。このため先進国は、GDP 総額を根拠に、中国に経済大国に見合った自由化を求めるのに対し、中国は1人あたり GDP を根拠に、開発途上国に対する特別扱いを要求する。こうした姿勢は、ブラジルやインドにも共通している。WTO では開発途上国かどうかは自己申告制で、中国のように経済大国になっても開発途上国の特別扱いを求める事態を防げないため、先進国は WTO への熱意を失っている面がある。

6 おわりに

　8分野を対象に2001年から始まった WTO ドーハ・ラウンドは、農業分野を含めて相当の進展を見せたが、先進国と開発途上国の対立が解消されず、実質的に決裂に終わった。その背景には、先進国の衰退と新興国の台頭という世界経済の構造変化があるが、WTO の意思決定方式が問題視されることも多い。つまり、ラウンドの妥結には今や160を超す全ての加盟国の同意が必要で、1カ国でも反対すれば妥結できないため、それを見直そうというものである。しかし、関税削減等の合意を実施するのは各加盟国で、自国が拒否した合意を国内で批准するのはおよそ現実的でない。このため、協定を有志国のみで交渉し実施する方式も試みられているが、農業分野は含まれてない。このように、WTO の機能不全を解消する妙薬はなく、それが第9章以降で扱う FTA に拍車をかけている。

本章のまとめ

1. 2001年のドーハ閣僚会議を受けて、農業を含む8分野の包括交渉であるドーハ・ラウンドが開始され、2004年には枠組み合意が成立した。
2. 農業交渉の対象は関税、国内助成、輸出競争の3分野で、加盟国は自

国の主張を反映するためグループを結成し、日本はG10に所属している。
3．2008年の農業交渉合意案では、現行水準に応じて関税や国内助成の削減幅が拡大する階層方式や輸出補助金の撤廃等が盛り込まれた。
4．2008年の決裂後は一括妥結を断念し、部分合意を積み上げる方向性が示されたが、農業分野の合意は輸出補助金の撤廃等に限られている。
5．交渉決裂の原因は先進国と開発途上国の根深い対立で、その背景には、先進国の衰退と新興国の台頭という世界経済の構造変化がある。
6．ドーハ・ラウンド妥結のめどは立たず、WTOの機能不全を解消する妙薬も見つからないため、FTAの隆盛に拍車がかかっている。

 キーワード解説

一括妥結：交渉において、一分野でも合意できなければ全体として合意しないという包括的な交渉方式。
モダリティ：関税削減率やセンシティブ品目の数、関税割当の拡大幅等について、具体的な数字や詳細な要件等が入った各国共通のルール。
枠組み合意：農業分野では、現行の関税率が高い品目ほど関税を大幅に削減する関税削減の方式といったような、約束内容の大枠に関する合意。
G10：日本、韓国、スイス、ノルウェー等の9カ国が参加し、農業交渉において食料輸入国の立場を代表して漸進的な貿易自由化を主張するグループ。
ケアンズ・グループ：オーストラリアがリーダーで、主に農産物の輸出国が参加し、農業交渉において急進的な貿易自由化を主張するグループ。
階層方式：枠組み合意において関税や国内助成に導入された削減方式で、現行水準に応じて複数の階層に分け、高い階層ほど削減幅が拡大する。
センシティブ品目：枠組み合意の関税分野で導入された類型で、一般品目より関税削減を緩やかにする代わりに関税割当の拡大を行う品目。
特別品目：枠組み合意の関税分野で導入された、途上国向けのセンシティブ品目で、一般品目の関税削減よりも緩やかな関税削減が認められる品目。
貿易歪曲的国内助成総額：国内助成における黄の政策、青の政策、デミニミスの合計で、農業交渉合意案では上限設定と削減が盛り込まれた。
部分合意：2011年にドーハ・ラウンドの一括妥結を断念した際に打ち出された考え方で、合意が可能な分野の交渉や実施を優先する方式。

❓ 考えてみよう

1. 冒頭の新聞記事を含む本章全般に関連して、ドーハ・ラウンドが決裂に終わった原因について考えてみよう。
2. 図6-3に関連して、日本が参加するG10のメンバー国・地域の共通点と相違点について考えてみよう。

➤ さらに学びたい人のために

外務省ウェブサイト「ドーハ・ラウンド交渉」
https://www.mofa.go.jp/mofaj/gaiko/wto/doharound1.html
WTOドーハ・ラウンドの経過や各分野の交渉状況等に関する資料を掲載している。

農林水産省ウェブサイト「WTOコーナー」
http://www.maff.go.jp/j/kokusai/kousyo/wto/index.html
WTO農業交渉の経過や日本の交渉提案等に関する資料を掲載している。

石田信隆（2010）『解読・WTO農業交渉――日本人の食は守れるか』農林統計協会
ドーハ・ラウンドの経過を詳細に分析し、巻末には関連する用語集も添えられている。専門的な内容を含み、一定の予備知識が必要である。

中川淳司（2013）『WTO――貿易自由化を超えて』岩波書店
前身のGATTの時代を含むWTOの展開を整理した上で、今後の課題と展望を示している。専門的な内容を含み、一定の予備知識が必要である。

第7章 WTO衛生植物検疫(SPS)協定と紛争処理制度
——食の安全と貿易の促進は両立するのか

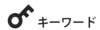 キーワード

SPS措置／危険性の評価／コーデックス／予防原則／紛争解決機関／申立国／被申立国／パネル／ネガティブ・コンセンサス方式／上級委員会

📰 新聞記事で学ぶ：**韓国による日本産水産物の輸入禁止は妥当なの？**

世界貿易機関（WTO）の紛争を処理する上級委員会は［2019年4月］11日（日本時間12日未明）、韓国が東京電力福島第1原発事故後に福島など8県産の水産物の輸入を全面禁止しているのはWTO協定のルールに違反するとした1審の判断を破棄し、日本は逆転敗訴した。1審の判断に誤りがあったとした。韓国は、禁輸を継続する方針。日本は、WTOの判断をテコに輸入制限を続ける国々に解除を働き掛け農水産物の輸出拡大を目指す戦略を描いてきたが、大きな逆風となりそうだ。（中略）

1審の紛争処理小委員会（パネル）は昨年［2018年］2月、韓国による輸入規制は「差別的」かつ「必要以上に貿易制限的」でWTOルールに違反するとした日本の主張をおおむね認め、韓国に是正を勧告した。これに対し、上級委は「パネルは製品サンプル中の（放射性物質の）実測値のみで安全性を調査しており、潜在的な汚染の可能性を説明できていない」と指摘。日本は放射性物質のモニタリング調査などデータを示

し安全性を説明してきたが、上級委は放射性物質の影響が将来、顕在化するかもしれない潜在的リスクを考慮しなかった1審の判断を問題視した。輸入制限についても、1審が韓国の事情を考慮していなかったと指摘した。

WTOの紛争処理手続きは2審制。上級委は最終審に当たり、30日以内にWTOの全加盟国会合で採択され確定する。

韓国は2013年、東電の汚染水流出問題をきっかけに規制を強化。青森、岩手、宮城、福島、茨城、栃木、群馬、千葉の8県産の水産物の禁輸対象を一部から全てに拡大した。日本は「科学的根拠がない」と[20]15年にWTOに提訴。日本が1審で勝訴した後、韓国は昨年[2018年]4月に上訴していた。

原発事故後、一時は54カ国・地域が日本産食品の輸入を規制。現在も23カ国・地域で続いている。

出所：毎日新聞朝刊（2019年4月13日）「東日本大震災：福島第1原発事故　日本敗訴、水産輸出に逆風」（加藤明子・ソウル堀山明子）から引用。[　]内は筆者による注。

本章で学ぶこと

韓国による日本産水産物の輸入禁止をめぐる紛争では、韓国の措置がWTOの衛生植物検疫協定（SPS協定）に違反するかが争点となった。本章では、人や動植物の健康確保と貿易促進との両立を図るために策定されたSPS協定と、WTO加盟国間の貿易紛争を解決するための紛争処理制度について学ぶ。

1 SPS協定の目的と対象

第2章で紹介したように、GATTは貿易障壁の実質的な低減と国際通商における差別待遇の撤廃に取り組むと規定している。他方で、GATTは貿易の促進を無条件に推奨しているわけではない。例えば有害な食品や病気に感染し

た動植物が輸入されれば、輸入国における人や動植物の健康が損なわれ、GATTの目的の一つである「生活水準の向上」とも矛盾しかねない。このため、GATTの20条(b)では、「人、動物、植物の生命や健康の保護のために必要な措置」をGATT上の義務に対する例外とし、有害な食品や病気に感染した動植物の輸入禁止等を認めている。人の生命や健康に関していえば、有害な食品の流入はその脅威となることから、GATT20条(b)はいわゆる「食の安全」の確保が狙いの一つとなっている。

他方で、GATT20条の柱書には、「それらの措置を、差別待遇の手段となるような方法や、国際貿易の偽装された制限となるような方法で適用しないことを条件とする」とも明記されている。つまり、人や動植物の生命・健康の保護を名目とした貿易制限は、その目的自体は正当でも、特定国への差別や国内産業保護の手段として用いられる場合もある。実際にWTOの発足前から、人や動植物の生命・健康の保護を名目とした貿易制限の正当性をめぐる紛争が多発している。このため、GATT20条(b)を具体化することによって、人や動植物の生命・健康の保護と貿易の促進との両立を図るのが、GATTウルグアイ・ラウンドで策定されたSPS協定の狙いである。

SPS協定の正式名称は、日本語では「衛生植物検疫措置の適用に関する協定」、英語ではAgreement on the Application of Sanitary and Phyto-Sanitary Measuresで、英語の頭文字をとってSPS協定と呼ばれる。SPS協定の対象は、貿易に影響する全ての衛生植物検疫措置（SPS措置）で、衛生措置と植物検疫措置に大別される。まず「衛生措置」（Sanitary Measures）には、人の健康を保護する食品安全措置と家畜等に有害な疾病の国内への侵入を防ぐ動物衛生措置が含まれる。また「植物検疫措置」（Phyto-Sanitary Measures）とは、植物に有害な病害虫の国内への侵入を防ぐための植物防疫措置を指す。なおこれらは例示であり、SPS協定は人や動植物の生命・健康の保護を目的とする全ての基準や認証手続を対象とする（附属書Aの1項）。

ただし、基準や認証手続は工業品にも広く適用されている。このためWTOには、基準や認証手続が貿易の不要な障害とならないよう、国際基準の使用や基準・認証手続に関する通報等の手続を定めた「貿易の技術的障害に関する協

定」(Agreement on Technical Barriers to Trade：TBT 協定) も存在する。このため、TBT 協定は農産品を含む全ての規制に適用されるものの、SPS 協定上の SPS 措置には適用されないと定められている (TBT 協定1条5項)。ここで、TBT 協定が適用される食品規制の事例として、遺伝子組換え食品の表示がある。遺伝子組換え食品の危険性評価は、人の健康に関わるために SPS 協定の対象であるが、安全性が確認された遺伝子組換え食品の表示は、消費者への情報提供を目的としたものであるため、TBT 協定の対象となる。

2 日本の SPS 措置の実施体制

図7-1には、日本の SPS 措置の実施体制を示した。食品の安全や動植物の健康を確保するための施策は、危険性の評価、管理、対話の3段階からなる。まず「危険性の評価」とは、食品の摂取が人の健康に及ぼす影響等について科学的に評価することで、内閣府の食品安全委員会が担っている。次に「危険性の管理」とは、危険性の評価に基づいて、食品安全等の確保のための基準の設定や規制の実施を行うことであり、食品は厚生労働省、動植物は農水省が担当している。さらに「危険性の対話」とは、危険性評価の内容等に関して、消費者や食品関連事業者といった関係者間で情報や意見の相互交換を行うことで、消費者庁が全体の調整にあたっている。つまり、日本の SPS 措置の実施機関

図7-1　日本の SPS 措置の実施体制

```
危険性の評価：健康への影響の科学的評価
食品安全委員会
        ↓
危険性の管理：SPS措置の設定や実施
厚生労働省：食品    農林水産省：動植物
        ↓
危険性に関する消費者等との対話
消費者庁(全体調整)
```

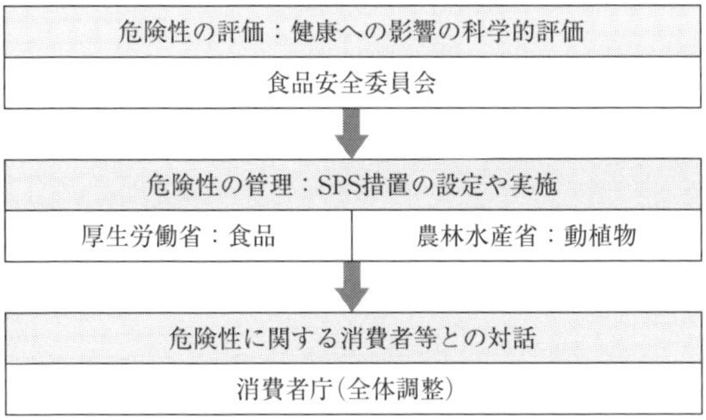

資料：食品安全委員会ウェブサイト (https://www.fsc.go.jp)
　　　をもとに筆者作成

図7-2　SPS措置の範囲と具体例

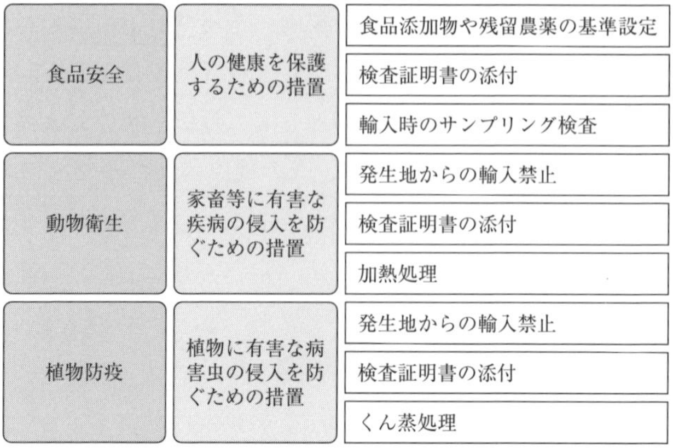

食品安全	人の健康を保護するための措置	食品添加物や残留農薬の基準設定
		検査証明書の添付
		輸入時のサンプリング検査
動物衛生	家畜等に有害な疾病の侵入を防ぐための措置	発生地からの輸入禁止
		検査証明書の添付
		加熱処理
植物防疫	植物に有害な病害虫の侵入を防ぐための措置	発生地からの輸入禁止
		検査証明書の添付
		くん蒸処理

資料：農林水産省「『衛生植物検疫措置の適用に関する協定（SPS協定）』の概要」（2018年3月）をもとに筆者作成

は、危険性の管理を担当する厚労省や農水省である。

　厚労省や農水省が実施するSPS措置の具体例は、図7-2に示したとおりである。まず、人の健康を保護するための食品安全措置に関しては、食品添加物や残留農薬の基準設定、検査証明書の添付、輸入時のサンプリング検査等が挙げられる。また、家畜等に有害な疾病（口蹄疫等）の侵入を防ぐための動物衛生措置としては、発生地からの輸入禁止、検査証明書の添付、加熱処理等が行われている。さらに、植物に有害な病害虫（ミバエ等）の侵入を防ぐための植物防疫措置には、発生地からの輸入禁止、検査証明書の添付、くん蒸処理等がある。水際でのSPS措置を実施するために、主要な港湾や空港には検疫所が設置されている。具体的には、輸入食品の検疫は厚労省の検疫所が行い、動物衛生と植物防疫のための検疫は、農水省の動物検疫所と植物検疫所がそれぞれ担当している。

　さらに表7-1には、食品安全に関するSPS措置の具体例として、米の残留農薬の基準値を示した。日本で基準値が設定されている米の農薬成分は約300あるが、そのうち国際的な基準値が設定されているのはごくわずかである。さらに表7-1に示すように、国際的な基準値が設定されている場合でも、各国の基準値はそれを上回る場合もあれば下回る場合もある。こうした違いがある

表7-1　米の残留農薬基準値（mg/kg）

農薬名	国際基準	日本	アメリカ	EU
ジクロルボス	7	0.2	不検出	0.01
グリホサート		0.1	0.1	0.1
マラチオン		0.1	8	8
メタミドホス		0.01	不検出	0.01
パラコート	0.05	0.1	0.05	0.05

資料：農林水産省「諸外国における残留農薬基準値に関する情報」をもとに筆者作成
注：数値が小さいほど基準が厳しく、「不検出」は成分が検出されてはならないことを示す。

のは、毎日一生涯にわたって摂取し続けても健康への悪影響がないと推定される農薬成分の摂取量をもとに、食品ごとに基準を設定するという考え方は国際的に共通であっても、作物・栽培方法・気候といった農業事情によって農薬の使用法が異なることや、食生活等の違いにより摂取する食品の種類や量が異なることによる。

3 SPS協定の概要

　SPS協定は、全14条の本文と3つの附属書からなる。ここでは、特に重要な項目に絞って概要を紹介する。

　まず、加盟国の権利と義務については、2条（基本的な権利及び義務）に規定されている。権利に関しては、加盟国は人や動植物の生命・健康の保護のために必要なSPS措置をとる権利を有する（1項）。他方で、SPS措置に関する義務については、①人や動植物の生命・健康の保護に必要な限度においてのみ適用する、②科学的な原則に基づいてとる、③十分な科学的証拠なしに維持しない、の3点が求められる（2項）。さらなる義務としては、①SPS措置により同様の条件下にある加盟国の間で恣意的又は不当な差別をしない、②SPS措置を貿易に対する偽装した制限となるような態様で適用しない、の2点も求められる（3項）。

　このようにSPS協定の2条は、GATT20条(b)に明記された加盟国がSPS措

置をとる権利を再確認した上で、それを適用する際に守るべき義務を定めている。このため、例えば2項①に関しては、必要以上に厳しい食品添加物や残留農薬の基準を適用すれば、SPS協定に違反する恐れがある。また、2項②や③に関しても、たとえ消費者が輸入食品の安全性に不安を抱いているとしても、科学的な原則や証拠なしに輸入を制限すれば、SPS協定に違反する恐れがある。さらに、3項①に関しても、仮に日本のりんごにとっての害虫がA国とB国の両方に生息し、両国の諸条件が同一の場合に、日本がりんごの輸入をA国から認めてB国から制限すれば、加盟国の間での恣意的な差別となり、SPS協定に違反する可能性がある。

次に、SPS措置の調和については、3条（措置の調和）に規定されている。国際的な基準がある場合には、加盟国のSPS措置はそれに基づいてとることが求められる（1項）。上記の残留農薬基準もSPS措置に該当するが、国際的な基準値が設定されているケースは必ずしも多くないのは表7-1に示したとおりである。ここで国際基準の策定機関とは、①食品安全は、国際連合食糧農業機関（FAO）と世界保健機関（WHO）が創設した食品規格委員会（コーデックス）、②動物衛生は国際獣疫事務局（OIE）、③植物検疫は国際植物防疫条約（IPPC）事務局を指す（附属書Aの3項）。他方で、科学的に正当な理由がある場合や、後述する5条に従って保護水準を決定した場合には、国際基準よりも高い水準のSPS措置をとることができる（3項）。つまり、国際基準の適用は絶対的な義務ではなく、適切な手続きを踏めば、それを超えるSPS措置の採用も認められている。

調和を補完する加盟国間のSPS措置の相互承認は、4条（措置の同等）に規定されている。加盟国が置かれている生態や環境等に関する状況は異なることから、輸入国が物品の輸入を認める条件として、輸出国に対して自国と同じSPS措置の採用を求めるのは現実的ではない。このため、輸出国のSPS措置が輸入国による適切な保護水準を達成することを客観的に証明すれば、輸入国は輸出国の措置を同等と認める旨が定められている（1項）。この規定は、例えば「輸入品に含まれる細菌数を一定以下とする」というSPS措置の保護水準を達成する手段として、「低温での長時間殺菌」と「高温での短時間殺菌」

の両方がある場合に、達成される保護水準が同じであれば、措置の形態は違っても同等と認めることを意味する。

　また、**危険性の評価**とSPS措置による保護水準については、5条（危険性の評価及び衛生植物検疫上の適切な保護の水準の決定）に規定されている。SPS措置は、人や動植物の生命・健康に対する危険性の評価に基づかなければならない（1項）。ここで**危険性の評価**とは、SPS措置をとった場合の、①輸入国内での有害動植物・病気の侵入等の可能性やそれによる生物学的・経済的な影響、②食品や飼料に含まれる添加物等による人や動物の健康への悪影響の可能性、についての評価をいう（附属書Aの4項）。また、加盟国は危険性の評価に基づいて、SPS措置による適切な保護水準を定めることができるが、その水準の決定に際しては、①貿易に対する悪影響を最小限にする（4項）、②貿易に対する差別や偽装した制限となるような恣意的・不当な区別を設けない（5項）、③必要以上に貿易制限的にしない（6項）、といった条件が課されている。

　他方で、科学的証拠が不十分な場合には、入手可能な情報に基づいて暫定的にSPS措置をとることが認められている（5条7項）。例えば、1980年代にイギリスで発見された牛海綿状脳症（BSE）は、当初は人に感染しないと考えられていたが、1990年代になって人への感染が否定できなくなった。このように、BSEに感染した牛肉の危険性が不明確な場合、①危険とわかるまでBSE感染牛の販売を許可する、②安全とわかるまでBSE感染牛の販売を禁止する、という2つの選択肢がありうる。ここで、①を選択すれば人命を損ないかねないことから、科学的証拠が不十分な段階であっても、予防的に安全性確保のための措置をとるのが②の考え方で、**予防原則**と呼ばれる。SPS協定にもこうした原則が反映されているものの、用語自体が明記されているわけではない。また同項では、客観的な危険性評価に必要な追加情報の入手や、適当な期間内でのSPS措置の再検討を求めている。

　さらに、SPS措置の公表やWTOへの通報については、7条（透明性の確保）と附属書Bに規定されている。加盟国は、SPS措置に関する法令を速やかに公表しなければならない（附属書Bの1項）。また、SPS措置に関する他国からの質問に対応し、関連文書を提供する照会所（問い合わせ先）を設置しなけ

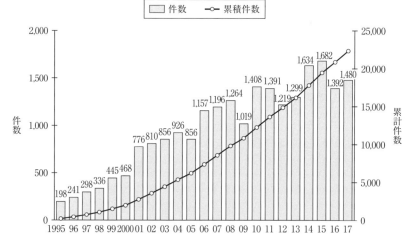

図7-3 SPS通報件数の推移

資料：農林水産省「透明性の規定の実施」（2018年3月14日）をもとに筆者作成

ればならない（同3項）。さらに、SPS措置の制定や変更に関して、国際基準が存在しないか国際基準と異なる場合で、他国の貿易に大きな影響を及ぼす恐れがある際には、早期の公表、WTOへの通報、他国に対する意見提出機会の提供が求められる（同5項）。図7-3には、この規定に基づくWTOへの通報件数を示した。SPS通報の件数は年々増加しており、1995〜2017年の23年間に累計で22,351件の通報が行われた。

最後に、衛生植物検疫措置に関する委員会（SPS委員会）については、12条（運用）に規定されている。SPS委員会は、SPS協定の実施状況を監視し、SPS協定に関する各国間の協議を促進するために設置されている。会合は年に3回開催され、加盟国の食品安全や動植物検疫を担当する職員が参加している（日本は厚労省や農水省等）。SPS委員会で特に重視されている議題が、「特定の貿易上の関心事項」である。この議題では、輸入国のSPS措置が自国からの輸出に悪影響を与えている場合に、輸出国が懸念を提起して輸入国の見解を求めることができる。SPS委員会で提起することにより、同様の問題意識を持つ他の加盟国の支持を受けることもでき、SPS措置に関連する紛争の解決促進の場として利用されている。

4 WTO 紛争処理制度の概要

　ここまで様々な WTO 協定を見てきたが、各国が常にそれを守るとは限らない。また、自国は WTO 協定を守っていると思っていても、他国は違反していると考えることもありうる。したがって、WTO 協定の違反や解釈をめぐる加盟国間の紛争を解決する手段が必要となる。ウルグアイ・ラウンドで策定された紛争解決了解は、国内の裁判に似た制度で、ほぼ全ての WTO 協定に適用され、加盟国に対する強い拘束力を持っている。被害国は、WTO 協定に違反する措置を行っている加盟国に対し、違反の停止を求めて WTO に提訴できる。WTO での審理は二審制で行われ、提訴された措置を WTO 協定に照らして審査する。違反が認定されれば、WTO の**紛争解決機関**が違反国に措置の是正を求める。

　WTO の紛争処理手続は、以下の 4 段階からなる。最初は二国間の協議である。WTO 協定に違反する他国の措置を訴えた**申立国**が二国間協議を要請した場合、訴えられた**被申立国**はこれに応じなければならない。実際に、二国間協議で多くの紛争が解決されている。他方で、①協議要請から10日以内に被申立国が回答しない、②協議要請から30日以内に被申立国が協議に応じない、③協議の開始後60日以内に紛争が解決されない、のいずれかの場合には、申立国は紛争処理小委員会（パネル）の設置を要請することができる。パネルの設置は、加盟国が全会一致で反対しない限り承認されるネガティブ・コンセンサス方式により決定され、申立国が反対することはあり得ないため、ほぼ自動的に行われる。

　パネルが設置されると、被申立国の措置の違法性を審理する 3 名のパネリストを選出する。パネリストは、出身国の政府から圧力を受けない独立した権限を有する個人で、学者に加えて加盟国政府や国際機関の現職または退職した職員が多い。なお、紛争当事国の国民は原則としてパネリストになることはできない。パネルの構成後は、紛争当事国が自国の主張を意見書として提出し、当事国が参加する会合が通常は 2 回開催された後に、パネルによる中間報告書が

作成される。中間報告書は非公開で当事国に送付され、当事国は意見を提出することができる。その後、パネルは最終報告書を作成し、公表される。これらの期限は、パネルの設置から最終報告書の公表まで6カ月以内、最終報告書の採択まで9カ月以内とされている。

ただし、当事国がパネルの最終報告書に異議がある場合には、60日以内に上訴することによって、上級委員会での再審理を要請することができる。上級委員会はパネルと違って常設の機関であり、権威のある法律家を中心とする7名の委員で構成され、紛争案件ごとに3名の上級委員が審理を担当する。上級委員が担当する案件では出身国は考慮されず、仮に出身国が紛争の当事国であっても、割り当てられればその審理に参加する。上級委員会では、当事国が主張を意見書として提出した上で、上級委員による質疑が行われ、それを受けて報告書が作成される。上級委員会の報告書は、上訴の通知日から原則として60日以内に加盟国に配布され、その後30日以内に採択されると定められている。

最後は勧告の実施である。パネルや上級委員会の報告書で被申立国のWTO協定違反措置の是正が勧告され、それが紛争解決機関で採択されると、被申立国は報告書の採択から原則として15カ月以内に措置を是正しなければならない。これまでの大半の紛争では、被申立国は勧告を実施し、WTO協定に違反する措置を是正している。その際に、被申立国の是正措置について申立国に異論がある場合には、措置の履行を確認するパネルの審理を求めることができる。他方で、仮に被申立国が期限までに勧告を実施しない場合には、申立国が被っている損害を補うために、申立国は被申立国に対して特定品目の関税引き下げといった代償措置を求めることができる。さらに、当事国間で代償措置の合意が得られない場合には、申立国は被申立国に対する関税引き上げといった対抗措置を発動することができる。

5 WTO紛争処理制度の効果

紛争処理制度は、GATTとWTOでは大きく異なっている。GATTの時代には制度の強制力が不十分で、相手国市場の閉鎖的を理由とした関税引き上げ

のような、紛争処理手続を経ない一方的な制裁措置が頻発した。また、紛争処理手続が協定ごとにバラバラで、各国が自国に有利な協定を主張して場の選定が争われた。さらに、パネルの設置や報告の採択は全会一致での賛成を必要とするコンセンサス方式で、被申立国が手続を妨害することができた。加えて、手続に期限がないため、紛争処理は遅れがちだった。最後に、パネルのみの一審制だったため、審理の機会が不十分だった。このため、大国の違反は紛争処理の対象外とされる一方で、小国の違反は大国の圧力で紛争処理の受諾を強いられる政治的な解決も見られた。

　これらの問題点は、WTO紛争解決了解の制定により大きく改善された。まず、WTO協定の対象となる紛争については、紛争処理手続を経ない一方的な制裁措置が禁止された。また、紛争処理手続が一元化され、場の選定をめぐる論争は影を潜めた。さらに、パネルの設置や報告は全会一致で反対しない限り採択されるネガティブ・コンセンサス方式が導入され、申立国や勝訴国は賛成するため、手続が自動化された。加えて、手続の各段階に詳細な期限が設定され、手続が迅速化された。他方で、パネル報告に不服がある場合に上訴する上級委員会が設置され、二審制の導入で十分な審理の機会が確保された。このため、アメリカのような大国も紛争処理手続に従う司法的な解決が定着した。

　WTO紛争処理制度の利用状況を確認するために、図7-4には、WTO発足後の紛争案件数の推移を示した。紛争処理手続の協議要請件数は、最近はWTO発足当初より減少傾向にあるものの、1995〜2017年の23年間で534件、年平均では23件となっている。これに対してGATT時代の紛争案件数は、1948〜1994年の47年間で314件、年平均では7件であった。このように、WTOの紛争処理手続は、GATT時代に比べてより積極的に利用されている。その一因としては、WTOへの加盟国の増加もあろう。他方で、紛争処理手続の自動化や審理期限の設定で紛争処理が迅速化したことや、勧告の実施手続の強化で勧告の履行が確保され、紛争処理手続への信頼性が向上したことも寄与していると考えられる。

図7-4 紛争案件数の推移

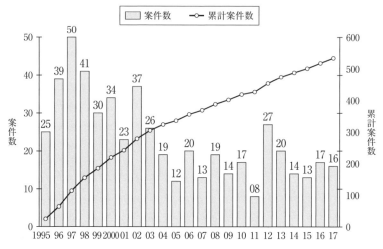

資料：経済産業省（2018）『2018年版不公正貿易報告書』をもとに筆者作成

6 日本が関与した紛争案件

　本章において、SPS協定と紛争解決了解を合わせて紹介したのは、WTO発足後に日本が関与した農林水産品をめぐる紛争にはSPS協定に関する案件が多く、パネルで本格的に審理されているのも一因である。表7-2に示したように、農林水産品に関して日本が申立を受けたのは4件、申立をしたのは1件である。このうち、EUが1997年に提起した「豚肉輸入に関する措置」では、EUは差額関税制度（→第5章）がGATTに違反すると主張したが、二国間協議で終了し、EUはパネルの設置を要請しなかった。また、韓国が2004年に提起した「のり輸入割当制度」でも、韓国が輸入割当制度はGATT違反の数量制限にあたると主張したが、韓国からのりの輸入量を増やす二国間合意で終了したため、パネルの報告書は経緯の記載にとどまった。

　これに対して、日本が関与するSPS協定をめぐる紛争は、全て上級委員会まで争われている。他国の例でも、「ホルモン剤添加の飼料で育てられた牛肉

表7-2 日本が関与した農林水産品の紛争案件

申立国	被申立国	案件名（関連する協定名）	協議要請	報告書採択	結論
EU	日本	豚肉輸入に関する措置（GATT）	1997年	―	二国間協議で終了
アメリカ	日本	りんご等農産品に関する輸入検疫（SPS協定等）	1997年	1999年	日本の敗訴
アメリカ	日本	りんご火傷病に対する検疫措置（SPS協定）	2002年	2003年	日本の敗訴
韓国	日本	のり輸入割当制度（GATT）	2004年	2006年	二国間合意で終了
日本	韓国	日本産水産物等の輸入規制（SPS協定）	2015年	2019年	日本の一部敗訴

資料：外務省「日本の当事国案件」（2018年8月30日）他をもとに筆者作成

の輸入制限」（1996年）や「遺伝子組み換え作物の認可・販売の制限」（2003年）のように、アメリカ等がEUの措置を提訴して注目されたSPS協定の紛争は多い。ここで表7-2に戻ると、アメリカが1997年に提起した「りんご等農産品に関する輸入検疫」で同国は、「りんご等の農産品に対する品種ごとの検疫は科学的根拠に欠け、その内容も必要以上のものであるため、日本の措置はSPS協定等に違反する」と主張した。パネルと上級委員会はアメリカの主張を認め、日本の検疫措置がSPS協定等に違反するとの判断を下したため、日本は勧告を受け入れて植物検疫措置を修正した。

また、アメリカが2002年に提起した「りんご火傷病に対する検疫措置」で同国は、「りんご輸入解禁の条件として日本が課している火傷病に対する検疫措置（アメリカ国内のりんご果樹園周囲に500メートルの緩衝地帯を設置すること等）は、科学的根拠がなくSPS協定に違反する」と主張した。パネルと上級委員会はアメリカの主張を認め、日本の措置は十分な科学的根拠なしに維持されており、SPS協定に違反すると判断した。これを受けて日本は是正措置を取ったが、アメリカはこの是正措置が依然として協定に非整合的として、履行を確認するパネルの設置を要請し、そのパネルでも日本の検疫措置は過剰で、SPS協定に違反すると判断された。この結果を受けて、日本は火傷病の検疫措置を改正した。

他方で、GATT時代も含めて、日本が農林水産品をめぐって初めてWTO

表7-3　韓国による水産物輸入規制の経過

2013年9月	韓国が日本産水産物の輸入規制を強化
2013年10月〜	日本がSPS委員会で懸念を表明
2015年5月	日本が二国間協議を要請（翌月に実施）
2015年8月	日本がパネル設置を要請（翌月に設置）
2016年2月	パネリストの選定
2018年2月	パネル最終報告書の公表
2018年4月	韓国が上級委員会へ上訴
2019年4月	上級委員会報告書の公表

に申立を行ったのが、韓国による「日本産水産物等の輸入規制」であり、その経過は表7-3に示した。2011年3月の福島第一原子力発電所の事故を受けて、韓国は8県・50種の水産物を含む日本産食品の輸入を禁止し、2013年9月には、同発電所の汚染水問題を受けて日本産水産物等の輸入規制を強化した。これに対して日本は、韓国と二国間協議を行ったものの解決しなかったため、パネルが設置された。日本が提起した主な論点は、①韓国の禁輸措置は必要以上に貿易制限的か（SPS協定の5条6項）、②韓国の禁輸措置は日本産水産物を不当に差別しているか（同2条3項）、③禁輸措置に関する韓国の情報提供は十分か（同7条）、の3点である。

パネルは、上記①〜③の全てで韓国の違反を認定したが、上級委員会は、③についてパネルの判断を維持する一方、①と②ではそれを取り消した。上級委員会は、①に関して、韓国は食品中の放射性物質の基準として、自然界に存在する水準、合理的に達成できるなるべく低い水準、年間1ミリシーベルト以下の3つを設けているが、パネルの検討が3番目の基準に偏っているとしてパネル報告を破棄した。また②に関して、パネルは現時点のサンプル検査に基づいて日本産と他国産の水産物に差はないと認定したが、潜在的な汚染の可能性を考慮していないとしてパネル報告を破棄した。つまり上級委員会は、パネルの審理が不十分としてそれを破棄したが、日本産水産物の安全性や韓国の措置の妥当性について判断したわけではない。

7　おわりに

第4章までで取り上げたGATTや農業協定は、関税や補助金の削減を通じて貿易を促進するという、農林水産物の量的な側面に関するルールなのに対し

て、本章で紹介した SPS 協定は、食の安全を確保するという、農林水産物の質的な側面に関するルールである。また、経済が発展するにつれて、人々の関心は食料の量的な確保から安全性等の質的な確保に移っていく傾向がある。この点で、GATT の創設時にはなかった SPS 協定が、ウルグアイ・ラウンドの一環で制定されたのは偶然ではない。図7-4における SPS 通報件数の増加が示すように、SPS 協定の重要性は増しており、開発途上国の経済成長に伴って、今後もそうした傾向は続くと考えられる。

本章のまとめ

1. SPS 協定は、GATT ウルグアイ・ラウンドの一環で、人や動植物の生命・健康の保護と貿易の促進との両立を図るために制定された。
2. SPS 措置の実施は、危険性の評価、管理、対話の3段階からなり、日本で危険性の管理を担当するのは厚労省や農水省である。
3. SPS 協定は、加盟国の権利と義務、SPS 措置の国際基準との調和、科学的証拠に基づく危険性評価、透明性の確保等について規定している。
4. WTO 紛争処理制度は、二国間での協議、一審にあたるパネルでの審理、二審にあたる上級委員会での審理、勧告の実施の4段階からなる。
5. 紛争処理の迅速化や紛争処理手続への信頼性の向上によって、WTO の紛争処理制度は、GATT 時代より積極的に利用されている。
6. 農林水産品に関する紛争でもっぱら提訴される側だった日本は、水産物の輸入を禁止した韓国を初めて提訴したが、一部敗訴に終わった。

 キーワード解説

SPS 措置：人の健康を保護する食品安全措置、家畜等に有害な疾病の侵入を防ぐ動物衛生措置、植物に有害な病害虫の侵入を防ぐ植物防疫措置が含まれる。
危険性の評価：SPS 措置をとった場合の、有害動植物・病気の侵入等による影響や添加物等による人や動物の健康への悪影響の可能性に関する評価。
コーデックス：FAO と WHO が合同で設立した食品規格委員会で、残量農薬のよ

うな食品の安全性と品質に関する国際的な基準を定めている。
予防原則：科学的証拠が不十分な段階でも、予防的に安全性確保のための措置をとるという考え方であり、SPS 協定 5 条 7 項にも反映されている。
紛争解決機関：WTO で紛争を解決するための常設機関で、パネルの設置や報告書の採択等の手続は、紛争解決機関での合意により正式な決定となる。
申立国：WTO 協定に違反する他の加盟国の措置を紛争処理手続に訴えた国で、国内裁判の原告にあたる。
被申立国：WTO 協定に違反する措置を他の加盟国から紛争処理手続に訴えられた国で、国内裁判の被告にあたる。
パネル：WTO 紛争処理手続の一審に相当する紛争処理小委員会で、その都度選定される 3 名のパネリストが審理を行って報告書を作成する。
ネガティブ・コンセンサス方式：紛争処理の一部に適用され、全会一致で反対しない限りパネルの設置や報告書の採択を承認する意思決定方式。
上級委員会：WTO 紛争処理手続の二審に相当し、7 名の常任の上級委員のうち紛争案件ごとに 3 名の上級委員が審理を行って報告書を作成する。

❓ 考えてみよう

1．冒頭の新聞記事に関連して、韓国による日本産水産物の輸入禁止措置が SPS 協定違反と判断されなかった理由について、同協定の条文に則して考えてみよう。
2．表 7-2 に関連して、農林水産品に関する貿易紛争で専ら提訴される側だった日本が、2015 年に提訴する側になった理由を考えてみよう。

▶ さらに学びたい人のために

(1) WTO 衛生植物検疫協定

小林友彦他（2016）『WTO・FTA 法入門――グローバル経済のルールを学ぶ』法律文化社
第 5 章（基準・認証措置（SPS ／ TBT））で、SPS 協定に加えて TBT 協定についても平易に解説している。本章の一部はこれに依拠している。

農林水産省ウェブサイト「WTO/SPS 協定」
　http://www.maff.go.jp/j/syouan/kijun/wto-sps/

SPS協定の日本語の条文、SPS通報を含むSPS委員会の活動等に関する詳細な情報を掲載している。

内記香子（2008）『WTO法と国内規制措置』日本評論社
第4章（SPS協定の解釈適用）で、SPS協定について本書よりも詳細な説明がなされている。

林正徳（2013）『多国間交渉における合意形成プロセス——GATTウルグアイ・ラウンドでのSPS協定の成立と「貿易自由化」パラダイムの終焉』農林統計出版
SPS協定の策定交渉に従事した農水省出身の筆者が、SPS協定が妥結に至った経緯を詳細に分析しており、一定の予備知識が必要である。

(2) WTO紛争処理制度

田村次朗（2006）『WTOガイドブック』（第2版）弘文堂
第12章（紛争解決手続）で、GATTとWTOの紛争処理手続に関して本書よりも詳細な説明がなされている。

経済産業省（2018）『2018年版不公正貿易報告書』
第17章（WTOの紛争解決手続）で、WTO紛争処理手続の手順や日本が関与した紛争案件の概要等を説明している。毎年刊行され、情報が更新される点も便利である。

外務省ウェブサイト「世界貿易機関（WTO）——紛争解決」
https://www.mofa.go.jp/mofaj/gaiko/wto/funso/index.html
日本が関与するWTO紛争案件の最新情報に加えて、日本が関与したWTO発足後の紛争に関する報告書を含む詳細な情報を掲載している。

川瀬剛志（2019）「韓国・放射性核種輸入制限事件再訪——WTO上級委員会報告を受けて」経済産業研究所
https://www.rieti.go.jp/jp/special/special_report/105.html
韓国による日本産水産物の輸入禁止措置に関するWTOのパネルと上級委員会の報告書について、SPS協定の条文に則して平易に解説している。

第8章 WTO 知的所有権貿易（TRIPS）協定と地理的表示
——外国産が「夕張メロン」を名乗ってもよいのか

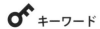

キーワード
地理的表示／地域団体商標／追加的保護／普通名称／複合名称／翻訳名称

> 📰 新聞記事で学ぶ： シャンパンとスパークリングワインはどう違うの？

「［地理的表示は］欧州を中心に発達した制度だ。当初は『シャンパン』など、ワインの産地と結びついたものが多かった。元来、地名は特定の人や団体に独占させるべきものではないが、生産者の努力などで、消費者にブランドとして浸透したものを保護する目的で生まれた。農産品についての扱いは国によってまちまちだが、ワインと蒸留酒については、世界貿易機関（WTO）の TRIPS 協定（知的財産権の貿易的側面に関する協定）で、地理的表示の保護が義務付けられている」（中略）

「日本には、地域の産品を地名と結びつけて保護する『地域団体商標』制度がある。この制度は商標なので、登録した団体が独占する。他者に無断で使われた場合には、特許や著作権などと同様、権利者が裁判で差し止め請求などを行う」

「一方、地理的表示は日本の場合、①一定期間継続して生産された実績があること②生産地と結びついた品質基準を作り、それを守ること——などが要求される。国に登録することで、一定の品質を保っている

ことを国が保証する意味合いがある。登録した基準を満たしていないのに第三者が地理的表示を使った場合は、国が表示を除去する命令を出す」(中略)

「米国やオーストラリアは、欧州のように伝統的製法が確立し、ブランド化された農産品が少ない。そのうえ、イタリアの『ゴルゴンゾーラ』などの地理的表示を、青カビチーズを指す普通名詞として使うなどしているため、これらの地理的表示を自国で保護することには基本的に反対の立場だ」(後略)

出所：日経産業新聞（2015年9月7日）「地域ブランド国が守る　明治大学法科大学院教授　高倉成男氏」(聞き手は瀬川奈都子)から引用。[ ]内は筆者による注。

本章で学ぶこと

　日本でも、農林水産物・食品の地域ブランドの名称を独自の制度で積極的に保護する地理的表示保護制度が2015年に創設され、夕張メロンや神戸ビーフといった名称が登録されている。こうした地理的表示の保護制度は、貿易ルールや国際交渉ではどのように位置づけられているのだろうか。本章では、知的財産権を保護するために制定されたWTOのTRIPS協定における地理的表示保護の規定について学ぶ。

1 日本の地理的表示保護制度

　日本の各地には、図8-1に示すように、伝統的な生産方法や気候・風土・土壌といった生産地等の特性が、品質等の特性に結びついている産品が多く存在する。こうした産品の名称を**地理的表示**といい、それを知的財産として登録し、保護するのが地理的表示保護制度である。より厳密には、地理的表示は「農林水産物・食品等の名称で、その名称から当該産品の産地を特定でき、産品の品質等の確立した特性が当該産地と結びついていることを特定できる名称

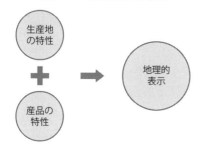

図8-1 地理的表示の概念

の表示」と定義される。日本では、2015年に「特定農林水産物等の名称の保護に関する法律」（英語のGeographical Indicationの頭文字からGI法と呼ばれる）が施行され、農林水産物・食品を対象とする独自の地理的表示保護制度が創設された。この制度に基づいて、2018年末までに夕張メロンや神戸ビーフ等の73産品が登録されている。

　地理的表示の考え方を、2016年に登録された長野県の市田柿を例に説明する。市田柿は、旧市田村が発祥の市田柿のみを使用しており、その生産地は、①昼夜の寒暖差が大きいため高糖度の原料柿ができる、②晩秋から初冬にかけて川霧が発生し干柿の生産に絶好の温度と湿度が整う、といった特性を有している。また産品としては、①特別に糖度が高い、②もっちりとした食感、③きれいな飴色、④小ぶりで食べやすい、といった特性を持っている。このように、市田柿という名称は高い知名度を有することから産地を特定することができ、糖度が高いといった産品の特性は、昼夜の寒暖差が大きいため高糖度の原料柿ができるといった生産地の特性と密接に結びついているため、地理的表示の要件を満たしている。

　地理的表示保護制度は、地域の知的財産である農林水産物・食品の適切な評価を通じた生産者利益の保護と、高付加価値の農林水産物・食品の信用の確保を通じた需要者利益の保護を目的としている。制度の仕組みは以下の通りである。生産者や加工業者の団体は、「生産地や品質等の基準を記載した申請書」と「団体の品質管理の方法」を定めて、農水省に申請する。農水省は審査の上で地理的表示と団体を登録し、団体が申請書に合致するよう適切に品質管理を行っている場合に、地理的表示とGIマークの使用を認める。登録を受けた団体は品質管理を実施し、農水省が団体の品質管理体制をチェックする。地理的表示の不正使用が発見された場合には、農水省が表示の除去命令等の取締りを行う。

　地理的表示保護制度の導入によって、登録された農林水産物・食品には、取

引の拡大、価格の上昇、担い手の増加といった効果も現れている。他方で、保護の対象は日本国内に限られるため、夕張メロンや神戸ビーフといった日本で登録された地理的表示の国外での不正使用を取り締まることはできない。例えば、タイでは現地の生産者が「夕張日本メロン」という名称で模倣品を販売した例がある。こうした事態を防ぐためには、日本と同等の地理的表示保護制度を有する外国との協定締結が考えられる。具体的には、保護の対象とする地理的表示の産品リストを締結相手国と交換した上で、相手国の産品を日本の地理的表示に登録する一方で、日本の産品を相手国の地理的表示に登録し、相互に不正使用を取り締まるのである。

2 TRIPS協定における地理的表示の規定

　ウルグアイ・ラウンドの一環として策定されたWTO知的所有権貿易協定の正式名称は、日本語では「知的所有権の貿易関連の側面に関する協定」、英語ではAgreement on Trade-Related Aspects of Intellectual Property Rightsで、その頭文字をとってTRIPS協定と呼ばれる。TRIPS協定は知的財産権全般を保護する協定で、その対象は著作権、商標、地理的表示、意匠、特許、半導体集積回路、非開示情報の7分野である。協定では、基本的な原則として最恵国待遇や内国民待遇（→第2章）を規定し、WTOの紛争処理手続も適用される。先進国にはWTO発足後の1996年から適用されているが、開発途上国には実施が困難な基準の高い協定のため経過期間が設けられ、完全な適用は開発途上国では2005年、後発開発途上国（→第2章）では2021年からである。

　TRIPS協定における地理的表示の条項は3条のみであり、以下では条文に即して規定の概要を紹介する。まず地理的表示の定義は、TRIPS協定22条（地理的表示の保護）に定められている。具体的には、その1項で「地理的表示」とは、「商品の確立した品質や社会的評価といった特性が、当該商品の地理的原産地に主に起因する場合に、当該産品がWTO加盟国の領域等を原産地とすることを特定する表示」と規定されている。すなわち、①商品に一定の品質等の特性があり、②その特性と商品の地理的原産地が結びついている場合に、

図 8-2　地理的表示保護の範囲

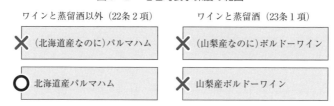

③その原産地を特定する表示を地理的表示と定義している。上記の日本のGI法における地理的表示の定義も、TRIPS協定の規定を踏まえて策定された。

次に、地理的表示による保護の内容は、TRIPS協定の22条と23条（ぶどう酒及び蒸留酒の地理的表示の追加的保護）に規定されている。まず22条の2項では、加盟国に対して、消費者を誤解させるような方法での真正でない原産地表示を防ぐための法的手段の確保を求めている。これに対して、23条の1項では、ワインとウイスキー等の蒸留酒に対する地理的表示の保護について規定し、「種類」、「型」、「様式」、「模造品」といった消費者の誤解を避ける表現を伴う場合でも、本来と異なる原産地表示を防ぐための法的手段の確保を求めている。ここで23条によるワイン等に対する保護内容は、22条に基づくものよりも保護の水準が高いため、追加的保護と呼ばれる。

追加的保護の意味を、図8-2の例で説明する。イタリア原産で、EUで地理的表示に登録されているパルマハムという生ハムがある。仮に北海道の生産者が、自分で生産したハムに「パルマハム」という名称をつけると、北海道産のハムをパルマ産と消費者に誤解させるため22条に違反する。他方で、「北海道産パルマハム」という名称であれば、消費者は誤解せず同条には違反しない。これに対してワイン等では、仮に山梨県の生産者が、自分が生産したワインにフランスの地理的表示である「ボルドーワイン」という名称をつけることだけでなく、「山梨県産ボルドーワイン」という名称をつけることも、23条で禁止されている。フランスのシャンパーニュ産以外の発泡性ワインが、「シャンパン」ではなく「スパークリングワイン」と呼ばれるようになったのも、追加的保護の考え方を反映している。

最後に、今後の交渉については23条と24条（国際交渉及び例外）に規定され

ている。まず23条4項では、ワインの地理的表示の保護を促進するため、多国間の通報・登録制度の設立についてTRIPS理事会で交渉する旨を明記している（2001年のドーハ閣僚宣言で、ワインに加えて蒸留酒も対象とされた）。上記のように、ワインと蒸留酒には追加的保護が適用されるが、独自の保護制度での登録状況を加盟国間で共有しなければ、その担保は困難であるため、各国の地理的表示をWTOに通報し、他国での保護を図ろうとするものである。（このため、ワインの名称の保護は二国間協定等が先行している）。また24条1項では、加盟国は23条の規定に基づく地理的表示の保護の強化を目的とした交渉を行う旨が定められている。

3 TRIPS協定と日本の地理的表示保護制度

これまで、日本の地理的表示保護制度とTRIPS協定における地理的表示の規定を概観してきた。ここで注意が必要なのは、TRIPS協定は加盟国に対して地理的表示の法的な保護を求めているものの、その具体的な手段は各国に委ねられているということである。つまり、日本が2015年に創設したような独自の保護制度だけでなく、他者と区別するために商品の提供者が使用する標識である商標等の他の制度での保護も認められている。また、各国の地理的表示の登録状況を加盟国間で共有する仕組みもないことから、上記の夕張メロンの模倣品の例に見られるように、国外での保護の実効性は十分ではない。

地理的表示の保護に関するTRIPS協定と日本の制度との関係は、表8-1のように要約できる。まずTRIPS協定の22条では、消費者の誤解を要件として

表8-1　日本の地理的表示の保護制度

TRIPS協定	対象産品	関連する法令	所管府省
一般的保護（22条）	全て	不正競争防止法	経済産業省
		商標法（地域団体商標）	
追加的保護（23条）	ワイン・蒸留酒	酒税の保全及び酒類業組合等に関する法律（酒団法）	財務省
	農林水産物・食品	GI法	農林水産省

表8-2 地理的表示と地域団体商標の違い

事項	地理的表示	地域団体商標
保護の対象	生産地と結び付いた品質等の特性を持つ産品の表示	独占的に使用できる名称
登録要件	一定期間継続して生産されている	一定の需要者に認識されている
品質基準	品質基準を定めて登録・公開	権利者の任意
品質管理	品質基準を団体が管理し、国も検査	権利者の任意
不正の取締り	国が実施	権利者が差止請求
有効期間	無期限	10年間

資料:内藤恵久(2015)『地理的表示法の解説』大成出版社をもとに筆者作成

地理的表示の保護を定めている。これに対して日本は、商品の原産地や品質等を誤解させる表示を禁止する不正競争防止法で対応し、地理的表示の保護を目的とはしていないものの、商標法に基づく地域団体商標制度も設けられている。他方で、TRIPS協定の23条では、ワインと蒸留酒を対象に、消費者の誤解を招くか否かを問わない地理的表示の追加的保護を義務づけている。これを踏まえて日本は、TRIPS協定の発効時に、酒団法に基づいてワインと蒸留酒に追加的保護を適用したほか、2015年に制定されたGI法によって、農林水産物・食品にも追加的保護を拡大した。

このように日本では、独自の地理的表示保護制度と商標の一種である地域団体商標制度が併存している。両者は、地域ブランドの名称を知的財産として保護する点は共通しているが、違いを表8-2に示した。地理的表示は、①生産地と結びついた品質等の特性を持つ産品の表示を保護する、②一定期間継続して生産されている伝統性を要件とする、③団体が品質基準を定めて登録・管理し、国も検査する、④不正は国が取り締まる、⑤有効期間がない、といった特徴がある。これに対して地域団体商標は、①独占的に使用できる名称を保護する、②一定の需要者に認識されている周知性を要件とする、③品質基準の登録や管理は権利者の任意、④不正には権利者自らが差止請求する、⑤有効期間が10年で更新料が必要、といった違いがある。つまり、農林水産物・食品の特性を踏まえて、地理的表示をより積極的に保護するために、独自の制度が創設された。

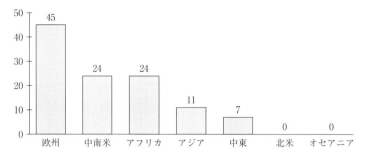

図8-3 地理的表示保護制度の導入国数（2009年）

資料：農林水産省「地理的表示法について」（2017年）をもとに筆者作成

4 地理的表示をめぐる国際対立

　地理的表示を保護するために、商標とは異なる独自の制度を設けている国は、2009年の時点で100カ国以上に達する。その内訳は図8-3に示した。地理的表示の保護制度は欧州で発達した制度であり、中南米やアフリカ等でも普及している。ただし、独自の保護制度をとっている国でも内容は各国ごとに異なっており、対象品目は、農産物や食品だけでなく工業製品も含めている国が多い。また、登録制度がない場合や保護に必ずしも登録を必要としない場合もある。権利保護については、行政が積極的に行うのではなく、地理的表示を使用できる者の行動に委ねられていることも多い。他方で、新大陸であるアメリカ等の北米やオーストラリア等のオセアニアでは、独自の保護制度を持っている国はない。

　欧州で地理的表示の保護制度が発達したのは、次のような事情による。フランスでは、古くからワインの産地と品質を証明する原産地呼称が確立し、それがチーズ等の農産物にも拡大して地理的表示となり、スペインやイタリア等にも普及した。これを受けて1992年には、EU全体で農産物・食品の地理的表示を登録し保護する仕組みが創設された。このように、地理的表示の保護対象が拡大するにつれて、その意義は名称の保護から生産者の所得向上や消費者の保

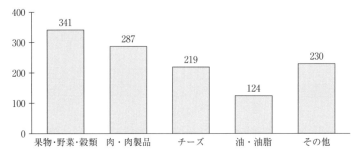

図8-4 EUでの地理的表示の登録数（2014年末）

資料：内藤恵久（2015）『地理的表示法の解説』大成出版社をもとに筆者作成
注：ワインや蒸留酒は他の制度で保護されているため、ここでは含まれていない。

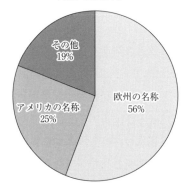

図8-5 アメリカのチーズ生産量の内訳（2013年）

資料：アメリカ農務省「Dairy Products 2014 Summary」（2015年4月）をもとに筆者作成

護に広がった。このためEUは、ウルグアイ・ラウンドでTRIPS協定での地理的表示の保護を要求し、受け入れられた。EUにおける地理的表示の登録数は図8-4に示したとおりで、ハム等の肉・肉製品やチーズだけでなく、果物・野菜・穀物等の産品も多い。

では、アメリカやオーストラリアの事情はどうなっているのだろうか。これらの国々では欧州からの移民が多いため、欧州の地名を冠した食品が多く生産されている。例えば、アメリカでは2013年に約500万トンのチーズが生産されており、図8-5に示したように、その半分以上はモッツァレラやチェダーのような欧州産チーズの名称を冠したものである。こうした状況は、カナダやオーストラリアといった他の新大陸諸国にも共通している。このため、欧州による地理的表示の保護を認めれば、自国でそれらの名称が使えなくなり、名称の変更に伴う追加費用や売上げの減少も懸念される。このため、これらの国々には独自の地理的表示の保護制度はなく、他国が地理的表示として農産物の名称を保護することにも反対している。

地理的表示をめぐるEUとアメリカの主な対立点は、次の3点である。第1は、ワインと蒸留酒以外への追加的保護の拡大である。追加的保護を他の農産物にも拡大すべきとするEUに対して、アメリカは強く反発している。これは、地理的表示を独自の制度で保護すべきか、商標で十分かという制度をめぐる対立でもある。EUは、ブランド農産物の品質等の特性は生産地と結びついているため、品質を担保できない商標を超える独自の保護制度が必要で、品質基準を守らない他の産地による名称使用は、知的財産権の侵害と考えている。他方でアメリカは、ブランド農産物の名称の保護には他の産品と区別する商標で十分であり、EUの主張は、既存の商標権を侵害し、EU以外での同一名称の農産物の販売を阻害する保護主義的なものと考えている。

　第2は、普通名称の範囲である。例えば、「フェタ」はギリシア原産のチーズの名称で、EUは地理的表示で保護しているのに対し、アメリカは、普通名称であり保護の対象外と主張している。こうした対立の原因は、TRIPS協定の24条6項に、他国の地理的表示であっても、自国の日常言語で普通名称として用いられる用語は保護しない旨の規定があるものの、普通名称の範囲の解釈が各国で異なるからである。他方でアメリカも、普通名称と地名を組み合わせた複合名称を地理的表示で保護することは否定していない。例えば、フランス原産のチーズであるカマンベールは、EUでも普通名称とされ、「カマンベール・ド・ノルマンディ」（ノルマンディ産カマンベール）が地理的表示として登録されている。この場合は、アメリカでも「カリフォルニア産カマンベール」といった表示が許されることになる。

　第3は、翻訳名称の扱いである。翻訳名称というのは、フランス特産の発泡性ワインのフランス語名称である「シャンパーニュ」（Champagne）から「シャンパン」という名称が広まったように、本来の名称を他の言語に翻訳した名称である。また、イタリア原産のチーズのイタリア語名称である「パルミジャーノ・レッジャーノ」（parmigiano reggiano）から派生した英語の「パルメザン」（parmesan）（→第12章）も、これに該当する。こうした事例に関してEUは、他言語に翻訳された名称も地理的表示の保護の対象であり、本来の産地以外はその名称を使用すべきでないと主張している。他方でアメリカは、本来の

名称から他の言語に翻訳した名称や、それから派生した名称は、地理的表示の保護の対象外とすべきと主張している。

5 地理的表示をめぐる国際交渉

　第2節で紹介したように、TRIPS協定の将来の交渉に関する規定を受けて、WTOでは以下の2点について議論がなされている。まず、TRIPS協定23条4項に規定された、ワイン等の地理的表示に関する多国間の通報・登録制度の設立については、第6章で解説したWTOドーハ・ラウンドの一環として、TRIPS理事会の特別会合で交渉が行われている。ただし、加盟国間の隔たりが大きく、交渉はほとんど進展していない。具体的には、EU等は、各国が地理的表示をWTOに通報してデータベースを作成し、他国から異論がない限り、全加盟国がそれを保護する方式を主張している。他方でアメリカ等は、通報・登録制度への参加は各国の任意とし、データベースは作成するものの、その保護は各国に委ねるべきと主張している。

　次に、TRIPS協定24条1項に規定された、23条に基づく地理的表示の保護の強化を目的とした交渉については、さらに混迷している。EU等は24条1項の規定等を根拠に、ドーハ・ラウンドにおいて、ワイン等に対する**追加的保護**をチーズ等の他の農産物にも拡大すべきと主張している。これに対してアメリカ等は、24条1項に基づく交渉の対象は、23条に規定されたワインと蒸留酒のみであり、他の農産物への追加的保護の拡大は、そもそも交渉の対象外と主張している。このように、追加的保護の対象範囲の拡大については、当初はTRIPS理事会で議論されたものの、それが交渉項目かどうかの入口で加盟国の意見が鋭く対立し、全く進展していない（章末のコラムを参照）。

　こうしたWTOでの議論の停滞を受けて、地理的表示の保護の強化に積極的なEUは、FTA（→第9章）の締結によって地理的表示の保護を拡大しようとしている。具体的には、FTAの中でワイン等以外の農産物にも追加的保護を適用する旨を規定した上で、保護対象となる地理的表示の名称リストを交換することで、相互保護を図っている。例えば、第12章で紹介する日本とEUの

EPA（→第10章）でも、こうした合意がなされた。この場合、日本と EU で地理的表示を相互に保護する効果は、日本や EU で生産される産品だけでなく、両者が輸入する産品にも及ぶ。このため、仮に EU の地理的表示である「フェタ」を日本が保護すれば、アメリカ等の第三国が日本に輸出する際には名称の変更が求められる（詳細は第12章を参照）。

　こうした EU の動きに対しては、地理的表示の保護拡大に反対するアメリカも、自国産品が既存の名称を引き続き使用できるよう、FTA で対抗している。例えば第11章で解説する TPP 協定（→第11章）では、FTA の締結相手国において独自の地理的表示制度で追加的保護が拡大することを抑制するために、①独自の制度に基づく地理的表示の登録に対する異議申立や取消しの手続を定め、登録済みの商標と混同する名称や普通名称は登録の拒絶や抹消を行う旨を規定し、②**普通名称**かどうかの具体的な判断基準を設け、③**複合名称**の構成要素となっている普通名称は保護しない旨を規定している（詳細は第11章を参照）。このように、地理的表示をめぐる米欧の対立は、FTA の締結を通じた陣取り合戦の様相を呈している。

6　おわりに

　TRIPS 協定における地理的表示の保護は、農産物貿易の対象が、大量生産・大量消費型の非差別化財から、少量生産・少量消費型の差別化財に拡大したことを反映している。大量生産・大量消費型の農産物の代表例は、穀物等の原料農産物であり、価格以外での差別化の程度が小さく、取引でも価格が重視されるため、その貿易促進には価格差を縮める関税削減が重視された。これに対して、少量生産・少量消費型の農産物の一例がワインやチーズ等の加工食品であり、品質等の特性による製品差別化の程度が大きく、取引でも品質が重視されるため、その貿易が盛んになるにつれて、品質を保証する地理的表示の国際的な保護の必要性が高まった。2013年の農産物輸出額は、アメリカが1,477億ドルなのに対して EU は5,542億ドルと4倍近くに達し、EU 産農産品の付加価値の高さがうかがえる。

Column ❶　地理的表示をめぐって崩壊した農業四極

　2002年4月、筆者（作山）は、フランスのパリに出張していた。農水省代表団の一員として、農業四極の非公式協議に出席するためである。四極とは1982年に初めて開催された四極通商会議の略で、日本、アメリカ、カナダ、欧州委員会の貿易担当大臣が通商問題について意見交換を行なう場である。ただし、通常の四極と農業四極の違いは、参加者が貿易担当省ではなく農業担当省であることと、カナダの代わりに、農産物輸出国を束ねるケアンズ・グループ（→第6章）のリーダーであるオーストラリアが参加している点である。協議の目的は、WTOドーハ・ラウンドの農業交渉の本格化を受けて、その進展を図るために、主要な先進国の間で率直な意見交換をすることであった。

　この協議での争点が、地理的表示の扱いであった。ドーハ・ラウンドにおける地理的表示の交渉の場は、TRIPS協定を担当するTRIPS理事会であったが、**追加的保護**の一般農産物への拡大を求めるEUは、対象が農産品であること等を根拠に、この問題を農業交渉でも取り上げることを要求した。これに対してアメリカとオーストラリアは、他の農産物への追加的保護の拡大は交渉の対象外と主張し、EUの要求を一蹴した。この議論は2日間の協議のかなりを占め、両者は一歩も引かず、怒号が飛び交う激しいものとなった。結局会議は物別れに終わり、再開されることはなかった。地理的表示をめぐる対立が、日本も参加する農業四極に終止符を打ったのである。

　こうした農産物貿易の変化を見越したEUの対応は特筆に値する。GATTウルグアイ・ラウンドの際は、日本では米の輸入数量制限という伝統的な貿易障壁に関心が集まっていた際に、EUは差別化された農産品の貿易の伸びを見越して、地理的表示の保護制度をTRIPS協定に盛り込んでいた。長い農業の歴史を持ち、生産地と結びついた特性を有する地域特産の農産物も多い点で、日本はEUと共通点があった。しかし、日本が独自の地理的表示の保護制度を創設したのは、TRIPS協定が成立してから20年後の2015年だった。またその創設は、第12章で述べるEUとのEPAが一つの契機となった。つまり、日本で地理的表示保護制度は、TRIPS協定や日欧EPAに深く関係しており、この点でも貿易ルールの理解が欠かせない。

本章のまとめ

1. 地理的表示とは、農林水産物・食品等の品質等の確立した特性が当該産地と結びついていることを特定する名称の表示をいう。
2. ウルグアイ・ラウンドで策定されたTRIPS協定は、地理的表示の保護、ワイン等への追加的保護、将来の国際交渉等について規定している。
3. TRIPS協定は地理的表示の保護手段を各国に委ねており、日本でも農林水産物・食品に対する独自の制度の他に、地域団体商標制度もある。
4. 地理的表示に関して推進派のEU等と反対派のアメリカ等は、追加的保護の拡大、普通名称の範囲、翻訳名称の扱い等で対立している。
5. EUはFTAで農産品への地理的表示の追加的保護等を図る一方で、アメリカはその阻止を企て、FTAによる陣取り合戦が行われている。

キーワード解説

地理的表示：農林水産物・食品等の品質等の確立した特性が当該産地と結びついていることを特定する名称の表示。

地域団体商標：地域ブランドを保護するために、地域名と商品名からなる商標でも登録を受けられる制度で、商標法の改正で2006年に創設された。

追加的保護：TRIPS協定23条1項に基づいてワインと蒸留酒に適用される地理的表示の保護で、「種類」、「型」、「様式」、「模造品」といった表現を伴う場合でも、本来と異なる原産地表示が禁止されている。

普通名称：自国の日常言語で通例として用いられている用語で、TRIPS協定では、他国の地理的表示がこれと同一の場合には保護する必要がない。

複合名称：「カマンベール・ド・ノルマンディ」（ノルマンディ産カマンベール）のように、普通名称と地名を組み合わせた地理的表示の名称。

翻訳名称：フランス産のワインである「シャンパーニュ」が日本語では「シャンパン」と呼ばれるように、他の言語に翻訳された地理的表示の名称。

考えてみよう

1. 冒頭の新聞記事に関連して、アメリカやオーストラリアが農産物に対する地理的表示の保護に消極的な理由について考えてみよう。

2. 表8-2に関連して、日本において地理的表示と地域団体商標という類似の制度が併存している理由について考えてみよう。

▶ さらに学びたい人のために

農林水産省ウェブサイト「地理的表示（GI）保護制度」
http://www.maff.go.jp/j/shokusan/gi_act/
地理的表示に登録された産品の登録簿を含めて、日本の地理的表示保護制度に関する資料やデータが豊富に掲載されている。

内藤恵久（2015）『地理的表示法の解説――地理的表示を活用した地域ブランドの振興を!!』大成出版社
日本のGI法に関する解説書で、TRIPS協定やEUの地理的表示保護制度についても、データを交えて簡潔に説明されている。本章の一部はこれに依拠している。

高橋梯二（2015）『農林水産物・飲食品の地理的表示――地域の産物の価値を高める制度利用の手引』農山漁村文化協会
地理的表示保護制度に関して、欧州での成立経緯、TRIPS協定の概要、世界各国の現状、国際交渉での対立等について丁寧に説明されている。本章の一部はこれに依拠している。

高倉成男（2001）『知的財産法制と国際政策』有斐閣
TRIPS協定の策定交渉に従事した特許庁出身の筆者が、その経験を踏まえて地理的表示を含むTRIPS協定の規定について詳細に解説している。

二国間・地域間の貿易ルール

― FTA/EPA と TPP

第9章 世界のFTAの動向
——FTAはなぜ急速に増えているのか

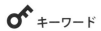 キーワード

RTA／FTA／関税同盟／迂回輸入／原産地規則／FTAカバー率／メガFTA／貿易創出効果／貿易転換効果／ドミノ効果

 新聞記事で学ぶ：FTAはなぜ急速に増えているの？

　世界の国々は互いに製品などを輸出入して貿易を営んでいます。その際、各国は製品など輸入品に関税という税をかけています。(中略) 輸入数量そのものを制限することもあります。(中略)

　制限をやめ、自由貿易を進めれば、国同士の人、モノ、カネの動きが盛んになり、経済活動が活発になると期待できます。自由貿易協定は特定の国や地域が互いに関税や数量制限などを原則としてやめる取り決めで、英語でフリー・トレード・アグリーメント［Free Trade Agreement］（略してFTA）と言います。(中略)

　域外の国に対する関税率を統一する関税同盟を含めると、[2002年] 6月時点で143のFTAが世界貿易機関（WTO）に報告されています。

　第1号は1958年に欧州経済共同体（EEC）設立を決めたローマ条約だと言われています。第2次大戦後の欧州の政治経済の安定を目指していました。

その後、同様の協定は1980年代まで少数でした。貿易自由化を進める枠組みとしては世界的規模で多数の国が同時に協議する関税貿易一般協定（GATT）があり、別の仕組みに頼る必要はなかったのです。
　しかし、1990年代に急増します。ガットやこれを拡大強化したWTOに発展途上国などが多数加盟、交渉に時間がかかるようになりました。WTOは全会一致が原則だからです。
　いったんFTA締結の動きが広がると、他国に遅れまいとする国が増え、弾みがつきました。
　欧米に比べて遅れていたアジアでも、中国や東南アジア諸国連合（ASEAN）などの経済成長を背景に、締結の動きが目立ってきました。
（中略）
　FTA拡大でアジアが経済圏として一体感を強めれば、世界経済の中でアジアの存在感が一段と増すとの見方が増えています。一方で「多国間のWTO交渉も積極化しないと閉鎖的な経済ブロック化が進む」との指摘もあります。

出所：日本経済新聞朝刊（2002年11月10日）「自由貿易協定」から引用。[ ]内は筆者による注。

本章で学ぶこと

　特定の国同士で関税を撤廃するFTAは、第2章で学んだGATTの基本原則である最恵国待遇に反する。にもかかわらず、なぜそれがGATTで認められているのだろうか。また、その締結数が最近急速に増えているのはなぜだろうか。本章では、世界のFTAの動向について学ぶ。

1　FTAの仕組み

　地域貿易協定（Regional Trade Agreement：RTA）は、特定国間で貿易障壁を撤廃・削減する協定の総称で、図9-1に示したように様々な種類がある。ま

図 9-1 地域貿易協定の種類

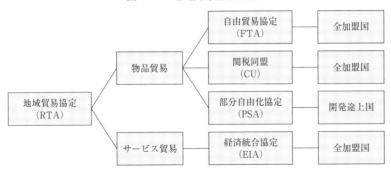

ず、物品貿易を対象とする協定には、自由貿易協定（Free Trade Agreement：FTA）、関税同盟（Customs Union）、部分自由化協定（Partial Scope Agreement：PSA）の3つがある。関税同盟は、非参加国に共通の関税を適用するのに対し、FTAはそうではない点が異なり、詳細は後述する。FTAと関税同盟は、全てのWTO加盟国が対象である。他方で、PSAの対象は開発途上国で、GATT時代の「授権条項」と呼ばれる決議に基づいて、先進国よりも緩い条件で参加国間での貿易障壁を撤廃・削減する協定である。これに対して、特定国間でサービス貿易の障壁を撤廃・削減する協定を経済統合協定（Economic Integration Agreement：EIA）と呼ぶ。

上記の分類は、物品貿易はGATT、サービス貿易はGATSに基づいて、WTO事務局が用いているものであるが、実際の協定の名称とは必ずしも一致しない。例えば、各国が締結している協定には、物品とサービスの両方を含むものもあるが、その場合でも協定の名称はFTAとされる場合が多い。こうした事例も含めて、これまでに締結されたRTAは、物品貿易のみのFTAやFTAに他の分野を組み合わせたものが大半を占めることから、本書ではRTAの代わりにFTAという用語を用いることがある。

物品貿易のRTAはGATTの基本原則である**最恵国待遇**（→第2章）に反するものであり、それが満たさなければならない要件はGATT24条に規定されている。第1は、RTAの非参加国に対する関税等の貿易障壁を引き上げないことである。第2は、RTA参加国間で実質上全ての貿易について関税等を撤

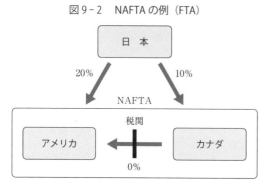

図9-2 NAFTAの例（FTA）

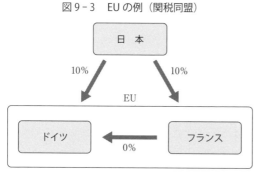

図9-3 EUの例（関税同盟）

廃することである。ただし、GATT には「実質上全ての貿易」の基準は示されておらず、「貿易額の90％以上」というのが、WTO 加盟国の一応の共通認識となっている。ただしこの要件は、開発途上国間の PSA には適用されない。第3は、RTA 参加国間で妥当な期間内に関税等を撤廃することである。ここでも、GATT には「妥当な期間内」の基準は示されておらず、「協定の発効から10年以内」というのが加盟国の共通認識となっている。

ここで、FTA と関税同盟の違いを説明する。まず図9-2には、FTA として北米自由貿易協定（NAFTA）の例を示した。NAFTA はアメリカ、カナダ、メキシコの3カ国の FTA であるが、ここでは2カ国に着目する。FTA では非参加国に対して個別に関税を設定し、ここでは日本からの輸入品に対する関税率を、カナダで10％、アメリカで20％とする。他方で、アメリカとカナダの間の貿易には関税がかからないため、日本からカナダを経由してアメリカに輸入すれば、関税は10％で済む。こうした迂回輸入を防ぐため、アメリカとカナダの国境には税関があり、アメリカ側では輸入品がカナダ産か他国産かを確認している。このように、FTA では税関が維持されるため、市場統合は限定的である。他方で、非参加国に対する関税は別々のため、他国と個別に FTA を締結することができる。

次に図9-3には、関税同盟として EU を取り上げ、その加盟国であるドイツとフランスを例示した。関税同盟では非加盟国に対して同一の関税を設定し、

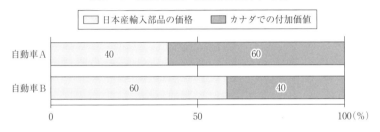

図9-4 原産地規則（付加価値基準）の例

ここでは日本からの輸入品に対する関税率は両国とも10%とする。このように、関税同盟では加盟国の関税率が同一のため、迂回輸入は発生しない。このため、ドイツとフランスの間にも税関はなく、いったんEU域内に輸入された物品は加盟国間を自由に流通するため、関税同盟の加盟国内の市場は統合される。他方で、仮にフランスが日本とFTAを締結し、日本からの輸入品に対する関税を撤廃したとすると、ドイツとの間に税関がないため、フランスを経由したドイツへの迂回輸入が発生する。このため、関税同盟では加盟国が個別にFTAを締結することはできない。

FTAか関税同盟かに関わらず、RTAは特定国間で関税等を撤廃するため、輸入品が参加国産か非参加国産かを区別する必要がある。ここで、RTAで定められた特別の関税率を適用する品目の原産国を認定する基準を原産地規則という。例えば、日本から部品を輸入してカナダで自動車を製造し、完成車をアメリカに輸出する例を考える。原産地規則の一例は、完成車の価格の一定割合（例えば50%）以上がカナダで付加されれば、残りの50%分は日本からの輸入部品を使っても、原産国をカナダと認める方法で、付加価値基準という。図9-4の例では、自動車Aはカナダ産としてアメリカに無税で輸出できるが、自動車Bは日本産として関税がかかる。原産地の認定方法や具体的な基準値は、RTAや品目ごとに様々である。

2 世界のFTAの動向

図9-5には、世界全体でのRTAの発効済み件数を示した。RTAの締結は

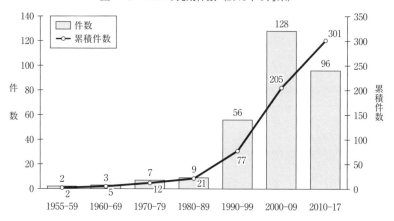

図 9-5　RTA の発効件数（2018年 6 月末）

資料：日本貿易振興機構（2018）『世界貿易投資報告 2018年版』をもとに筆者作成

1990年代以降に急増し、2018年 6 月時点での累積の発効件数は301件に達している。このように、RTA が盛んになるきっかけの一つが、1987年に発効した現在の EU による欧州単一議定書である。EU はその前身の欧州経済共同体（EEC）の時点から関税同盟だったが、依然として残っていた関税以外の障壁を除去することによって、1992年までの共通市場の完成を目指した。もう一つの契機は、1989年に発効したアメリカとカナダの FTA で、1994年にはメキシコが加わって NAFTA となった。1980年代後半に、北米と欧州の 2 大経済圏が地域内での貿易自由化を進めたため、他の地域もそれに触発され、1990年代に入って RTA の締結が活発になった。

次に図 9-6 には、主要国の FTA の締結状況を示した。まず、発効済みの FTA 件数で見ると、EU が41件と最多で、日本も15件で他国と引けをとらない数となっている。他方で、当事国の総貿易額に占める FTA 締結国との貿易額の割合である FTA カバー率では、2017年の貿易額で見ると、韓国が68％で他国よりも圧倒的に高くなっている。これは韓国が、中国、アメリカ、EU といった主要な貿易相手国と軒並み FTA を締結しているためである。他方で日本は、FTA の締結件数は少なくないものの、2018年 6 月末時点で発効済みの FTA の相手国にこれらの大国が含まれていないため、FTA カバー率は低くな

図9-6 主要国のFTA締結状況（2018年6月末）

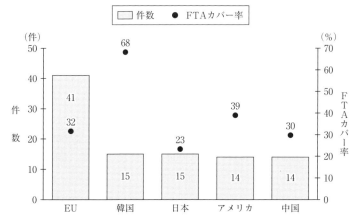

資料：日本貿易振興機構（2018）『世界貿易投資報告 2018年版』他をもとに筆者作成

図9-7 メガFTAへの参加国

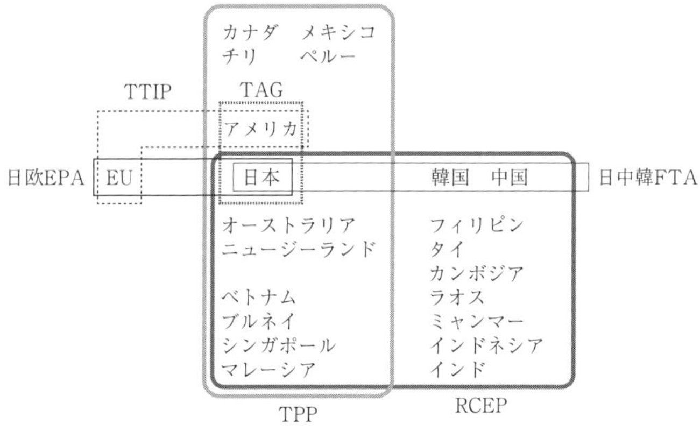

っている。

　最近は、大国同士のFTAも盛んになっている。経済規模の大きいEU、アメリカ、中国、日本のうち2つ以上が参加するFTAをメガFTAと呼び、その参加国を図9-7に示した。本書の執筆時点でのメガFTAは、環太平洋パートナーシップ（TPP）協定、日中韓自由貿易協定（日中韓FTA）、日欧経済連携協定（日欧EPA）、東アジア包括的経済連携（RCEP）、アメリカとEU

第9章　世界のFTAの動向　147

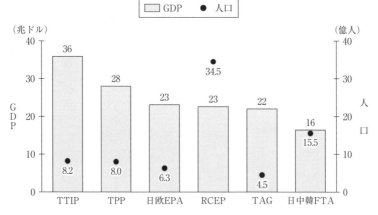

図9-8 メガFTAの経済規模（2014年）

資料：日本貿易振興機構（2015）『世界貿易投資報告 2015年版』をもとに筆者作成

の環大西洋貿易投資パートナーシップ（TTIP）、日米物品貿易協定（TAG）の6つである。本書の執筆時点（2019年4月）では、日欧EPAは発効済み、TPP協定は署名後のアメリカの離脱で未発効（アメリカを除くTPP11協定は発効したものの、メガFTAではない）、日中韓FTA、RCEP、TAGは交渉中、TTIPは交渉中断中である。日本は6つのメガFTAのうち最多の5つに参加している。

図9-8には、メガFTAの経済規模を示した。GDPの合計額では、世界第1位と第2位の経済圏であるEUとアメリカを含むTTIPが36兆ドルで最大となっている。他方で人口では、世界第1位と第2位の人口大国である中国とインドが参加するRCEPが約35億人で、圧倒的に多くなっている。まず、6つのメガFTAのうち4つの交渉は、同じ2013年に始まったという共通点を持つ。具体的には、TPP協定の交渉は2010年に始まったが、日本が交渉参加を表明したのが2013年3月で、同月には日中韓FTAの交渉が開始された。また、4月には日欧EPA、5月にはRCEPの交渉が開始され、7月にはTTIPの交渉が始まった。このように、メガFTA交渉は相互に影響しながら進展しており、その背景については次節で取り上げる。

さらに図9-9には、メガFTAを締結した場合のFTAカバー率の変化を示

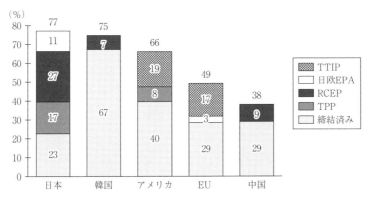

図9-9 メガFTAによるFTAカバー率（2015年）

資料：日本貿易振興機構（2016）『世界貿易投資報告 2016年版』をもとに筆者作成

した。図9-6でも見たように、日本の発効済みのFTAカバー率は、2015年の時点では5カ国中で最も低くなっている。しかし、TPP、RCEP、日欧EPA、TTIPの4つのメガFTAのうち、日本は5カ国・地域中で最大の3つに参加している。このため、TPP、RCEP、日欧EPAの全てが発効すれば、日本のFTAカバー率は77％となり、5カ国・地域中で最高となる。FTAカバー率は、当事国の総貿易額に占めるFTA締結国との貿易額の割合であることから、この数値が高いほどWTOの最恵国待遇税率よりも低い関税率で輸出入を行うことができ、他国に比べて有利になる。

3 FTAの経済効果

　FTAによる関税撤廃は、WTOでの関税撤廃とどのように違うのだろうか。まず図9-10はWTOの例で、日本がある商品をアメリカと中国から輸入する場合を想定している。また、以下では関税のみを考慮し、輸送費等の輸入価格に影響する他の要因は捨象する。まず左図は関税撤廃前であり、日本の関税率を100％とすると、アメリカと中国からの輸入品価格はともに2倍になって日本産の商品価格である35円/kgを上回るため、輸入は発生しない。他方で右図に示すように、日本が**最恵国待遇**（→第2章）の原則に従って、米中を含む

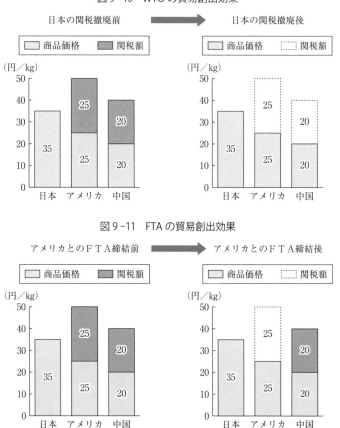

図9-10 WTOの貿易創出効果

図9-11 FTAの貿易創出効果

WTO加盟国に対して関税を撤廃すると、日本は最も安い20円/kgで生産する中国から商品を輸入するようになる。このように、関税の撤廃によって新たに貿易が発生する効果を**貿易創出効果**という。

次に、図9-11にはFTAの例を示した。まず左図の関税撤廃前では、上記と同様に日本が100%の関税を課しているため、アメリカと中国からの輸入品価格はともに2倍となって日本産の商品価格を上回るため、輸入は発生しない。他方で右図に示すように、日本がアメリカとFTAを締結すると、アメリカへの関税はなくなるが、中国に対する関税は残ることになる。このため、アメリカからの輸入品の価格は25円/kgで日本を下回るため、日本はアメリカから

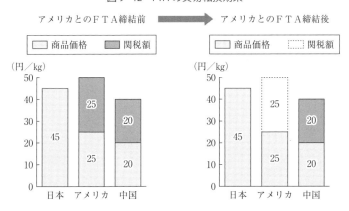

図9-12 FTAの貿易転換効果

商品を輸入するようになる。このように、WTOだけでなくFTAによる関税の撤廃でも、貿易創出効果は発生しうる。

ただし、FTAでの関税撤廃にはWTOとは異なる面もあり、それを図9-12で説明する。まず左図は関税撤廃前で、日本産の商品価格は45円/kgなのに対して、中国からの輸入品は関税を課しても40円/kgで日本より安いため、日本は中国から輸入する。他方で右図に示すように、日本がアメリカとFTAを締結すると、アメリカからの輸入品価格は、関税撤廃によって25円/kgに下がるのに対して、中国からの輸入品価格は、関税が維持されるため40円/kgのままであり、日本は中国の代わりにアメリカから商品を輸入する。このように、特定国に限定した関税撤廃によって、輸入先が価格の低い国から価格の高い国に置き換わる効果を**貿易転換効果**という。

以上をまとめると、WTOでの関税撤廃では**貿易創出効果**しか発生しないのに対し、FTAによる関税撤廃では**貿易転換効果**も発生しうる。その理由は、WTOでは最恵国待遇原則が適用されるため、関税撤廃の前後で輸入相手国が変わらないからである。このため、関税撤廃に伴う価格低下による消費者利益の増加が、生産者利益や関税収入の減少を上回り、国全体では得になる。他方で、FTAでは特定国に対して関税を撤廃するため、ある商品の価格が高い国とFTAを締結すると、輸入相手国が変わりうる。このため、関税撤廃に伴って関税収入がなくなる一方で、輸入価格は価格が低い国とのFTAほど下がら

第9章 世界のFTAの動向　151

ないため、国全体でも損をする場合がある（この点を理解するには、章末の国際経済学の教科書を参照）。

　第2節で述べたように、2013年に4つのメガ FTA 交渉が一斉に始まった理由も、FTA に特有の貿易転換効果で説明できる。図9-12に戻ると、日本のアメリカとの FTA 締結によって、日本への輸出機会を奪われた中国はどう反応するだろうか。通常は、中国も日本と FTA を締結して日本の関税を撤廃することにより、日本への輸出機会を取り戻そうとするはずである。つまり、ある国同士（ここでは日本とアメリカ）が FTA を締結すると貿易転換効果が発生し、そこから排除された国（ここでは中国）が FTA 締結国に対する輸出で不利になる恐れがあるため、そうした事態を解消するために、FTA 締結の連鎖が続くことになる。このように、ある FTA を契機に他の FTA の締結がドミノ倒しのように進む現象をドミノ効果という。

4　FTA 締結の動機

　関税の撤廃や貿易ルール形成のためには、世界全体をカバーする WTO があるにもかかわらず、なぜ各国は FTA を含む RTA を締結するのだろうか。その理由は、経済的動機、政治的動機、戦略的動機に分けられる。

　まず経済的な動機としては、ドーハ・ラウンドの決裂に見られる WTO 交渉の停滞がある。他方で、交渉参加国が少ない FTA では合意が容易で、貿易自由化を迅速に進めることができる。実際、1999年の WTO シアトル閣僚会議の決裂後に FTA が増加し、2008年のドーハ・ラウンドの決裂が、メガ FTA の契機となった。こうした連鎖的な FTA 拡大の背景にあるドミノ効果についても、既に紹介したとおりである。また、経済的な動機には新分野のルール作りも挙げられる。WTO で先進国は、電子商取引のような新たな分野のルール策定や、投資や知的財産権のような WTO 規律が弱い分野のルール強化を求めているが、開発途上国の反対で進んでいない。このため、FTA でこうした新分野のルール作りを進めようとしている。

　次に政治的な動機としては、FTA 締結を通じた同盟の形成による安全保障

の強化が挙げられる。例えば、1958年に締結された現在のEUの関税同盟は、参加国が経済的な結びつきを強めて国際的な影響力を強化し、旧ソ連を中心とする共産圏諸国に対抗する狙いがあった。また、アメリカが1985年に締結した最初のFTAの相手国はイスラエルであり、政治的に対立しているアラブ諸国に対して、イスラエルの安全保障を強化する狙いがあった。FTAを含むRTAは特定国同士の協定であり、**最恵国待遇が適用される**GATT/WTOでの貿易自由化とは異なり、その効果は参加国にしか及ばない。このため、そうした利益を共有する締結相手国を選定する上では、政治的な関係への配慮が欠かせない。

さらに、FTAの締結で他の目的を達成しようとする戦略的な動機もある。その例は、先に言及したNAFTAに見ることができる。まず、アメリカが1980年代後半以降にカナダやメキシコとのFTAを推進した一因には、ガット・ウルグアイ・ラウンドにおけるECとの対立があった。つまり、NAFTAという貿易自由化の代替手段を確保することで、仮に同ラウンドが失敗してもアメリカはさほど困らないが、アメリカ市場への参入で不利になるECは困るという状況を作り、ECに譲歩を促すテコとした。また、NAFTAにメキシコが参加した理由についても、サービス貿易や投資等の競争力が乏しい分野も含む自由化を国際条約であるFTAで約束することにより、メキシコ国内の構造改革を後戻りできないように固定化する狙いがあった。

5 FTA拡大の問題点

FTAの拡大には、利点だけでなく問題点もある。まず、国際的な貿易制度の観点からは、経済のブロック化がある。第2章で見たように、GATTは経済のブロック化が第二次世界大戦の遠因となった反省を踏まえて、**最恵国待遇を原則とし、異なる加盟国間の差別を禁止した**。しかし、FTAの急速な拡大によって起こりつつあるのは、ブロック経済の再来に他ならない。また、各国がFTAの締結に躍起になるほどWTO交渉への関心が薄れ、交渉に必要な人員等も不足するため、WTOの地位がますます低下するという悪循環になる点

も問題である。さらに、FTAは相互にメリットがあり、利害が一致する国同士で締結されるため、相手国に提供するメリットが乏しい開発途上国が置き去りにされかねないという問題もある。

　また、個別のFTAに関する問題点として、FTAは主に二国間や少数国間で締結されるため、大国が有利となり公平性が損なわれる恐れがある。この点はWTOであれば、仮に日本がアメリカの圧力で関税を撤廃したとしても、その成果は他国にも適用されるため、図9-10の例のように、実際に日本に輸出するのは最も競争力がある国（ここでは中国）となり、深刻な問題ではない。しかしFTAの場合には、関税撤廃の成果は第三国には適用されないため、図9-12の例のように、商品の競争力が弱く価格は高い一方で交渉力が強い大国（ここではアメリカ）が、商品の競争力が高く価格が安い第三国（ここでは中国）から日本市場を奪うことも可能となる。つまりFTAは、交渉力の差と**貿易転換効果**が相まって、貿易を歪める恐れもある。

おわりに

　本章で見てきたFTAを含むRTAは、貿易の拡大を通じて経済を豊かにする手段としては、WTOと比べると次善の策である。第2章で述べたように、貿易は各国が得意なものを相互に交換して豊かになる点でウィンウィンであり、そうした利益を実現するために、GATT/WTOでは参加国が協力して合意を形成してきた。しかしFTAがさかんになると、先にFTAを締結してライバル国を出し抜いたり、出し抜かれたことによる損失を取り返したりといった利己的な動機が前面に出て、貿易交渉が勝つか負けるかのゼロサムとなっている。他方で、GATT24条の規律が弱いため、野放図なFTAの拡大を防ぐことができず、WTO交渉が進まない以上は、貿易の自由化やルール作りの手段がFTAしか残されていないのも現実である。このように、貿易ルールの理想（WTO）と現実（FTA）の乖離は広がる一方である。

本章のまとめ

1. FTA は特定の参加国間で関税等を撤廃する協定で、最恵国待遇の原則に反するが、一定の要件を前提に GATT で認められている。
2. FTA は1990年代以降に急増し、2013年以降は EU、アメリカ、中国、日本のうち2つ以上が参加するメガ FTA の交渉も本格化した。
3. FTA での関税撤廃では貿易転換効果が発生する可能性があり、それを解消するために FTA 締結の連鎖が続くドミノ効果を引き起こす。
4. FTA の締結には、WTO 以外で自由化を進める経済的動機、安全保障を強化する政治的動機、他の目的を達成する戦略的動機がある。
5. FTA には、経済のブロック化、WTO の地位低下、開発途上国の疎外といった貿易制度上の問題に加えて、大国が有利という問題もある。

キーワード解説

RTA：GATT24条に規定された要件に基づいて、特定の参加国間で関税等の貿易障壁を撤廃する協定で、FTA、関税同盟、PSA の3つがある。

FTA：Free Trade Agreement の略。特定の参加国間で関税等の貿易障壁を撤廃する一方で、非参加国に対しては参加国独自の関税率を維持する協定。

関税同盟：特定の参加国間で関税等の貿易障壁を撤廃するとともに、非参加国に対して共通の関税率を設定する協定。

迂回輸入：商品を輸出国から輸入相手国に直接送付するのではなく、関税を逃れるために、第三国を経由して輸入相手国に送付する貿易の形態。

原産地規則：RTA で定められた特別の関税率を適用する品目の原産国を認定する基準。

FTA カバー率：当事国の総貿易額に占める FTA 締結国との貿易額の割合。

メガ FTA：経済規模の大きい EU、アメリカ、中国、日本のうち2つ以上が参加する FTA。

貿易創出効果：関税の撤廃によって新たに貿易が発生する効果であり、WTO だけでなく FTA でも発生する。

貿易転換効果：特定国に限定した関税撤廃によって、輸入先が価格の低い国から価格の高い国に置き換わる効果であり、FTA のみで発生する。

ドミノ効果：貿易転換効果による不利益を解消するために、ある FTA を契機に他

のFTAの締結がドミノ倒しのように進む現象。

❓ 考えてみよう

1. 図9-3に関連して、EU加盟国のフランスが単独で日本とFTAを締結できない理由について考えてみよう。
2. 図9-7に関連して、アメリカを除くTPP協定の参加国が締結したTPP11協定が、メガFTAに含まれない理由について考えてみよう。

➤ さらに学びたい人のために

日本貿易振興機構編（2018）『ジェトロ世界貿易投資報告 2018年版』日本貿易振興機構
　第3章（世界の通商ルール形成の動向）で、メガFTAを含む主要国の貿易政策の動向について、豊富なデータを交えて解説している。

田村次朗（2006）『WTOガイドブック』（第2版）弘文堂
　第10章（地域貿易協定）で、GATT24条の規定を中心に、本書よりも法律面に重点を置いて詳しく説明している。

石川城太・菊地徹・椋寛（2013）『国際経済学をつかむ』（第2版）有斐閣
　第10章（地域貿易協定——FTAとCU）で、貿易創出効果や貿易転換効果といったFTAの経済効果について、ミクロ経済学を用いて説明している。

第10章 日本のEPAの動向
―― 日本のEPAは他国のFTAとどう違うのか

EPA／自由化率／貿易額ベース／品目数ベース／タリフライン／
実行関税率表／EPA利用額／EPA利用率／原産地証明書

 新聞記事で学ぶ：日本のEPAは他国のFTAとどう違うの？

　いま世界中でヒト、モノ、カネが国境を越えて動いていますが、何の制約もなく行き来しているわけではありません。たいていの国は、国内の産業を守るために輸入品に関税をかけたり、国民の仕事がなくならないように外国人の就労を制限したりしています。

　しかし制限しすぎると、その国の経済は閉鎖的になり、競争による効率化も進まず、長期的には力が衰えてしまいます。だからといって一方的に関税を下げたり入国制限を緩くしたりすれば、さまざまな混乱が生じる恐れがあります。

　そこで、他の国と「互いに合意した範囲内で関税を下げよう。ヒトやカネの行き来の制限も減らそう」と取り決める動きが広がってきました。

　経済連携協定（EPA = Economic Partnership Agreement）とは、このように二つの国・地域がモノ（関税の撤廃）やヒト（労働市場の開放）、カネ（投資の自由化）の動きを互いに一定範囲内で自由化する協定です。

似た言葉に自由貿易協定（FTA = Free Trade Agreement）があります。関税撤廃の取り決めで、単純化すれば「EPA = FTA + α」という図式です。
　世界的にはFTAが主流ですが、日本はEPAが中心です。より広範に自由化している、というわけではありません。日本は農産物の関税撤廃に消極的なため、簡単にはFTAに踏み切れません。そこで貿易以外の要素を核にしたEPAで自由化の姿勢を示そうとしているといわれています。（後略）

出所：日本経済新聞朝刊（2007年5月6日）「経済連携協定　相次ぐ」（島田貴司）から引用。

本章で学ぶこと

　特定国の間で関税等を撤廃する協定を自由貿易協定（FTA）というが、日本では類似の協定を経済連携協定（EPA）と呼んでいる。日本のEPAは他国のFTAとどう違うのだろうか。また、日本はどの国とどのようなEPAを結んでいるのだろうか。本章では、日本のEPAの動向について学ぶ。

1 日本のEPAの動向

　前章で見たように、WTO協定上は、特定国間で物品貿易を自由化するのがFTA（→第9章）、サービス貿易を自由化するのがEIAである。表10-1に示すように、日本はこれらとは違う名称を用いている。具体的には、物品貿易とサービス貿易の両方を含む協定の締結を原則とし、それをFTAと呼んでいる。他方で、それらに加えて、投資、知的財産、競争政策等の広範な分野でのルール作りを含む協定を経済連携協定（Economic Partnership Agreement：EPA）と呼んでいる。他国では、EPAに匹敵する広範な分野を含む協定もFTAと呼ぶ場合が多いが、日本は農業分野に配慮してそれを避けている。つまり、FTAの日本語訳である「自由貿易協定」には、関税を全廃するような印象が

表10-1 特定国間の協定の名称

対象分野	WTO協定	日本	
物品貿易の自由化	自由貿易協定（FTA）	自由貿易協定（FTA）	経済連携協定（EPA）
サービス貿易の自由化	経済統合協定（EIA）		
投資等のルール			

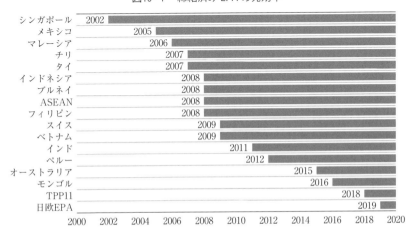

図10-1 締結済みEPAの発効年

国・地域	発効年
シンガポール	2002
メキシコ	2005
マレーシア	2006
チリ	2007
タイ	2007
インドネシア	2008
ブルネイ	2008
ASEAN	2008
フィリピン	2008
スイス	2009
ベトナム	2009
インド	2011
ペルー	2012
オーストラリア	2015
モンゴル	2016
TPP11	2018
日欧EPA	2019

資料：農林水産省「経済連携交渉の状況について（農林水産関係）」（2018年3月）他をもとに筆者作成

あるため、他の名称を用いることでそれを薄めようとしたのである。

図10-1には、日本が締結したEPAを協定の発効順に示した。日本は本書の執筆時点（2019年4月）で17のEPAを締結している。そのうち、東南アジアの10カ国が加盟するASEANとの協定、アメリカを除くTPP協定参加国が締結したTPP11協定（→第11章）、日欧EPAの3つは多国間の協定であるが、それ以外は二国間の協定となっている。また、二国間EPAの締結相手国のうち、シンガポール、マレーシア、タイ、インドネシア、ブルネイ、フィリピン、ベトナムのASEAN加盟7カ国や、インド、オーストラリア、モンゴルはアジアに位置し、日本に近いアジア諸国とのEPAが多い。それに続くのは、メ

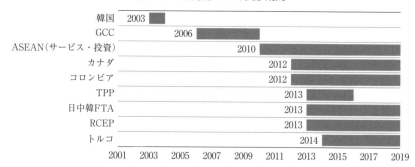

図10-2 未発効EPAの交渉期間

資料：農林水産省「経済連携交渉の状況について（農林水産関係）」（2018年3月）をもとに筆者作成

キシコ、チリ、ペルーのラテンアメリカ諸国となっている。

次に、交渉中や未発効を含むその他のEPAについては図10-2に示した。まず、韓国との交渉は2003年に、サウジアラビア等の6カ国が参加する湾岸協力理事会（GCC）との交渉は2006年に、それぞれ開始されたものの、いずれも相手側の事情でその後中断された。また、カナダとの交渉は2012年に開始されたものの、その後日本がカナダを含むTPP交渉に参加したため、事実上中断されている。さらに、第11章でとりあげるTPP協定（→第11章）は、2016年に署名されたものの、その後アメリカが離脱したため未発効となっている。その他のコロンビアやトルコとのEPAや、メガFTA（→第9章）である日中韓FTAやRCEPは、本書の執筆時点では交渉中となっている。

さらに図10-3には、2016年までに発効した15のEPAの対象分野とそれを含む協定数を示した。EPAでもその中心は物品貿易の自由化であり、全ての協定に含まれている。また、WTOのSPS協定やTBT協定の対象分野を扱う基準・認証制度も、全てのEPAに含まれている。他方で、それ以外の分野は、双方の関心に応じて創設されている。例えば、ASEAN全体とのEPAは物品貿易が中心で、サービス貿易や投資等の分野は後から追加されるため、当初の協定には含まれていない。また、インドネシア等とのEPAには、天然ガス等のエネルギーや鉄鉱石等の鉱物資源の安定供給を確保するためのエネルギー・鉱物資源章が設けられている。さらに、スイス等とのEPAには、インターネ

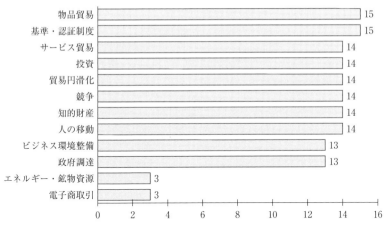

図10-3　日本のEPAの対象分野

資料：経済産業省（2018）『2018年版不公正貿易報告書』をもとに筆者作成

ット上の取引ルールを定める電子取引章が設けられている。

2　日本のEPA政策の経過

　第9章で見たように、世界的にFTAが増加したのは1990年代だが、日本がEPAを締結するようになったのは2000年以降である。こうした遅れが生じたのは、日本は長い間、GATTの**最恵国待遇**（→第2章）に基づく無差別な貿易自由化を擁護してきたからである。例えば、GATT24条の規定に基づくRTAを締結した場合には、GATTやそれを引き継いだWTOへの通報が義務づけられており、そのGATT24条との整合性について審査が行われる。GATTの無差別原則の下で工業品の輸出を拡大し、経済大国になったという自負を持つ日本は、そうした場でECやNAFTAのようなRTAを、無差別原則を損なうものとして強く批判してきた。しかし、1990年代末になると、世界的なFTA拡大の流れを受けて方針転換を余儀なくされた。

　こうしてFTAの推進に舵を切った日本のEPA政策は、基本的な方針や交渉の相手国によって、4つの期間に分けることができる。第1期は2001年から

2003年までである。この期間に日本は、2001年にシンガポール、2002年にメキシコ、2003年には韓国とのEPA交渉に着手した。既に説明したように、このうちシンガポールとメキシコとのEPAは発効したが、韓国との交渉は中断されたままとなっている。この期間の特徴は、EPAに関する日本政府の方針や締結相手国の基準は存在せず、相手国の要請を受けて交渉に着手したという点である。ただし、EPAで日本側の農産品に関する追加的な関税撤廃は行わないことが前提とされていたため、農産物の主要輸出国は実質的に対象外とされていた。

第2期は2004年から2006年までである。この期間に日本はEPA交渉を加速し、2004年にマレーシア、タイ、フィリピン、2005年にはASEAN全体とインドネシア、2006年にはチリ、ブルネイ、GCCとの交渉を開始した。この期間には、交渉の相手国として日本企業が多く進出している東南アジアが重視される一方で、農産物の主要輸出国は引き続き対象外とされた。なお、ASEAN諸国との間で、個別と全体のEPAが併存しているのは、発展段階も様々な加盟国全体と投資や知的財産等の広範な分野でルールを策定することは困難なことから、それらは個別のEPAでカバーした上で、物品貿易を対象とする全体とのEPAでは、ASEAN諸国の物品をまとめてASEAN産とする累積原産地規則を導入し、個別EPAの限界を補っている。

第3期は2007年から2012年までである。この期間に日本は、EPAの対象国をさらに拡大し、2007年にベトナム、インド、オーストラリア、スイス、2009年にはペルー、2012年にはモンゴル、カナダ、コロンビアとの交渉を開始した。この期間には、交渉相手国が東南アジア以外にも拡大するとともに、オーストラリアやカナダのように、農産物の主要輸出国も対象とされた。他方で2010年には、アメリカ等8カ国によってTPP協定の交渉が開始されたが、日本は交渉参加を見送っていた。

第4期は2013年以降である。この期間に日本は、2013年にTPP交渉に参加したことに加えて、日本も参加するメガFTAである日中韓FTA、日欧EPA、RCEPの交渉も始まった。さらに2014年にはトルコとのEPA交渉に着手した。この期間の特徴は、日本もメガFTAに舵を切ったことであり、これによって、

日本に対する最大の農産物輸出国であるアメリカとも交渉に着手することとなった。

こうした展開の背後にある日本政府のEPA政策については、基本的な方針が2回策定されている。1回目は、2004年の「今後の経済連携協定の推進についての基本方針」であり、WTOを補完するものとしてEPAの積極的な推進を掲げた上で、交渉相手国・地域の決定に関する基準も設けられた。具体的には、①有益な国際環境の形成、②経済利益の確保、③相手国・地域の状況やEPA／FTAの実現可能性、の3点が挙げられている。同時に、関税撤廃への懸念が強い農業分野に配慮し、例えば②では「日本の食料安全保障に悪影響を及ぼさないか」、③では「自由化が困難な品目に適切な考慮を払うことができるか」といった条件も明記され、農産物の主要輸出国や関税撤廃に固執する国とのEPAは避けている。

2回目は、民主党政権下の2010年に策定された「包括的経済連携に関する基本方針」である。基本方針では、WTOドーハ・ラウンドが事実上頓挫したことを受けて、アメリカやEU等を念頭に、「主要な貿易相手国・地域」とEPAを推進する姿勢を明示している。また、「政治的・経済的に重要なEPAでは、センシティブ品目に配慮しつつ、全ての品目を自由化交渉対象とし、高いレベルの経済連携を目指す」とも明記されている。それまで日本は、WTO交渉を阻害しないよう、アメリカやEU等の主要国とのEPAは回避するとともに、農業への配慮から重要品目（→第5章）を関税撤廃から除外する姿勢を堅持してきたが、基本方針はその大きな政策転換となった。

3 EPAの自由化率

貿易額ベース

第9章において、FTAはGATT24条に規定された一定の要件を満たす必要があり、「協定の発効から10年以内に参加国間の貿易額の90％以上について関税を撤廃する」というのが、WTO加盟国の一応の共通認識になっている旨を説明した。このように、協定発効後10年以内に関税を撤廃する品目の割合を自

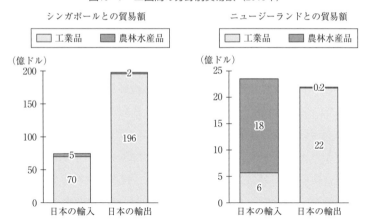

図10-4 二国間の分野別貿易額（2016年）

資料：農林水産省「シンガポールの農林水産業概況」（2017年7月）、「ニュージーランドの農林水産業概況」（2017年7月）をもとに筆者作成

由化率と呼ぶ。このため日本政府も、EPAを締結する際には、締結相手国との貿易額を基準とした**貿易額**ベースで、自由化率の要件を満たすように品目ごとの関税撤廃の有無を決めてきた。

ここで自由化率の計算方法を説明するために、二国間の分野別貿易額の数値を図10-4に示した。日本と相手国を合わせた貿易額ベースの自由化率は、次式で算出される。

$$\frac{関税撤廃する日本の輸入額 + 関税撤廃する日本の輸出額}{日本の輸入総額 + 日本の輸出総額} \times 100$$

まず左図には、日本とシンガポールとの2016年の貿易額を示した。仮に、シンガポールから輸入される農林水産品5億ドル分を除いて両国が関税を撤廃した場合、自由化率は次の通りとなる。

$$\frac{70億ドル + 198億ドル}{75億ドル + 198億ドル} \times 100 = 98\%$$

この数値は90%を超えており、農林水産品全てを関税撤廃から除外して良いかは議論の余地があるものの、形式的にはGATTの要件を満たしている。このように、対日輸出額に占める農林水産品の割合が少ないシンガポールとEPAを結ぶのは容易なことがわかる。

　これに対して右図には、日本とニュージーランドとの2016年の貿易額を示した。ニュージーランドから輸入される農林水産品18億ドルを除いて両国が関税を撤廃した場合、自由化率は次の通りとなる。

$$\frac{6億ドル+22億ドル}{24億ドル+22億ドル}\times100=61\%$$

この数値は90%を下回っており、GATTの要件を満たしていない。逆に、GATTの要件を満たすためには、日本の農産物輸入額18億ドルの約8割にあたる14億ドル分の関税を撤廃することによって、日本の輸入額24億円のうち20億円分で関税を撤廃しなければならない｛(20+22)÷(24+22)×100＝91%｝。このように、対日輸出額の4分の3を農林水産品が占めるニュージーランドとEPAを結ぶのは、農林水産品の広範な関税撤廃を行わない限り困難なことがわかる。

　以下では、日本が締結したEPAのうち、2012年までに発効した13の協定を対象に、貿易額ベースの自由化率を見ていく。まず図10-5には、協定の発効順に並べた貿易額ベースの自由化率について、日本と相手国のそれぞれの数値と両国を合わせた数値を示した。まず、棒グラフで示した両国を合わせた自由化率は、全てのEPAで90%以上であり、GATTの要件を満たしている。他方で、折れ線グラフで示した日本と相手国の自由化率は協定ごとに様々で、日本の方が低い協定が8つあり、特にメキシコとのEPAでは90%を下回っている。他方で、インドネシア、ベトナム、インドのように所得水準が低い国とのEPAでは、相手国の自由化率が日本よりも低い場合もある。

　次に図10-6では、日本側の貿易額ベースの自由化率を、農林水産品と工業品に分けて示した。これによれば、日本の工業品の自由化率はほぼ100%とな

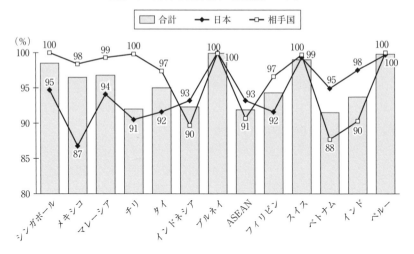

図10-5　EPAの自由化率（貿易額ベース）

資料：筆者作成
注：「自由化率」はEPA発効後10年以内の関税撤廃品目の割合である。

っている。これに対して、農林水産品の自由化率は相手国ごとに様々だが、工業品よりはおしなべて低く、平均的には60％程度となっている（ブルネイからは農林水産品の輸入実績がないため、自由化率は空白である）。つまり日本は、農林水産品の関税はなるべく関税撤廃から除外して維持する一方で、工業品の関税をほとんど撤廃することによって、相手国と合わせて90％の自由化率の基準を達成してきた。

品目数ベース

　GATTの要件を満たす自由化率として、貿易額ではなく品目数を基準とした品目数ベースを用いるべきとする国も増えている。その理由は、日本の米のように高い関税を課している品目は、それによって輸入額も少なくなるからである。つまり、貿易額ベースの自由化率はそうした高関税に影響され、日本のように関税率が高い農産品を関税撤廃から除外しても、元々輸入額が少ないため自由化率はあまり低下しない。追って図10-8に示すように、品目数ベースでは農林水産品の半分程度しか関税を撤廃していないにもかかわらず、図

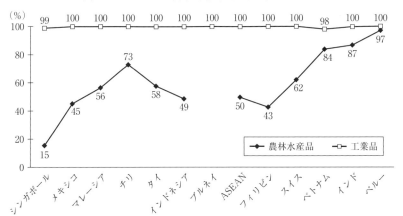

図10-6 EPAの日本側の自由化率（貿易額ベース）

資料：筆者作成
注：「自由化率」はEPA発効後10年以内の関税撤廃品目の割合である。

10-5に示した日本の貿易額ベースの自由化率が9割以上となるのは、こうした事情もある。このため、FTAで高水準の関税撤廃を求める国々は、品目数ベースを主張している。

では、品目数を基準とした自由化率はどのように算出するのだろうか。この際の品目数には、米や牛肉といった通常の物品の括りではなく、輸入品に関税を課す基準となる品目の単位であるタリフラインを用いる。タリフラインは、財務省が作成する実行関税率表に掲載されており、新製品の登場や統計上の理由等で定期的に改定される。日本のタリフラインの総数と内訳は、表10-2に示したとおりである。2007年度以降に用いられた分類では、日本の総タリフライン総数は9,018で、内訳は農林水産品が2,328、工業品が6,690となっている。また、農林水産品のタリフライン2,328のうち、2012年に発効したペルーのEPAまでに一度も関税を撤廃したことがないタリフラインが834で、そのうち重要5品目は586となっている。

図10-7には、日本が締結したEPAのうち、2012年までに発効した13の協定について、品目数ベースの自由化率の推移を示した。ここで品目数ベースの自由化率は、「10年以内に関税撤廃するタリフライン数÷タリフライン総数×

表10-2 日本のタリフライン数

区　分	タリフライン数
農林水産品	2,328
EPAで一度も関税を撤廃したことがない品目	834
重要5品目	586
米	58
麦	109
牛肉・豚肉	100
乳製品	188
砂糖	81
工業品	6,690
全品目	9,018

資料：日本経済新聞朝刊（2013年3月3日）をもとに筆者作成
注：タリフライン数はHS2007ベース。

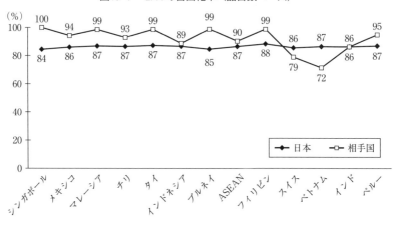

図10-7　EPAの自由化率（品目数ベース）

資料：筆者作成
注：「自由化率」はEPA発効後10年以内の関税撤廃品目の割合である。

100」で求められる。相手国からの輸入実績によって大きく変動する貿易額ベースの自由化率とは対照的に、品目数ベースの自由化率は極めて安定しており、日本側はほぼ80％台後半となっている。また、日本の自由化率は、スイス、ベトナム、インドとのEPAを除いて、相手国よりも低いという特徴がある。
　また図10-8には、日本側の品目数ベースの自由化率を、農林水産品と工業

図10-8　EPAの日本側の自由化率（品目数ベース）

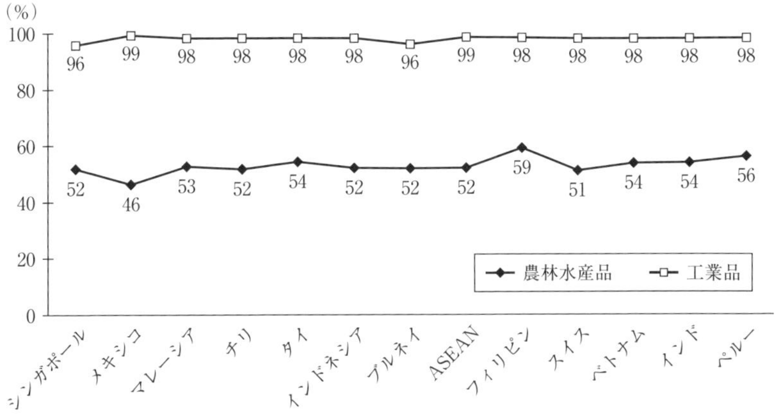

農林水産品：52, 46, 53, 52, 54, 52, 52, 52, 59, 51, 54, 54, 56
工業品：96, 99, 98, 98, 98, 98, 96, 99, 98, 98, 98, 98, 98

（横軸：シンガポール、メキシコ、マレーシア、チリ、タイ、インドネシア、ブルネイ、ASEAN、フィリピン、スイス、ベトナム、インド、ペルー）

資料：筆者作成
注：「自由化率」はEPA発効後10年以内の関税撤廃品目の割合である。

品に分けて示した。これによれば、日本の自由化率は工業品ではほぼ100％に近いのに対して、農林水産品では概ね50％台となっている。つまり、従来のEPAにおける日本の自由化率は、全品目の貿易額ベースではGATTの要件である90％を超えているものの、農林水産品の品目数に関しては、4割以上を関税撤廃から除外してきた。このため従来のEPAでは、国内の農林水産業への悪影響は想定されず、後述するTPP協定のような論争を呼ぶことはなかった。

4　EPAの利用状況

　ここでは、日本が締結したEPAが実際にどの程度利用されているのかを概観する。まず図10-9には、日本のEPAカバー率の内訳を示した。第9章で紹介したFTAカバー率（→第9章）の考え方を日本に当てはめると、それは日本の貿易総額に占めるEPA締結相手国との貿易額の割合である。日本の2017年のEPAカバー率は、既に図9-6でも見たように、全体では23％となっている。その内訳は、15％を占めるASEANが最大で、4％のオーストラリアがそれに続いているが、その他の締結国との貿易額は極めて少ないことがわか

図10-9　EPAカバー率の内訳（2017年）

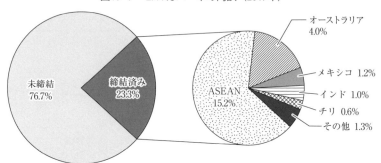

資料：日本貿易振興機構（2018）『世界貿易投資報告 2018年版』をもとに筆者作成

図10-10　輸入側のEPA利用状況の推移

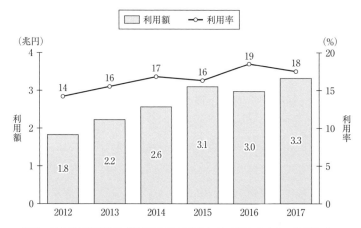

資料：日本貿易振興機構『世界貿易投資報告』（各年版）をもとに筆者作成

る。

　次に図10-10には、輸入側のEPA利用状況の推移を示した。ここで、**EPA利用額**とは、日本のEPA締結相手国からのEPA税率を利用した輸入額であり、**EPA利用率**とは、日本のEPA締結相手国からの輸入総額に占めるEPA税率を利用した輸入額の割合である。図10-10によれば、EPA利用額は、2012年の2兆円以下から2015年には3兆円を超えており、傾向としては増加している。他方で、EPA利用率は緩やかに増加しているものの、2017年でも20％以

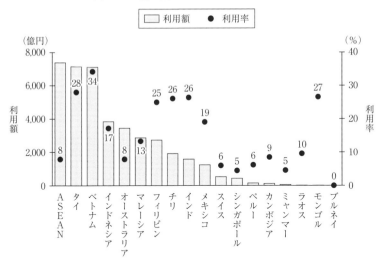

図10-11 輸入側のEPA利用状況（2017年）

資料：日本貿易振興機構（2018）『世界貿易投資報告 2018年版』をもとに筆者作成

下であり、必ずしも高いわけではない。

さらに図10-11では、EPAごとに輸入側の利用状況を比較した。EPA利用額が7,000億円を超えて最も多いのは、ASEAN全体、タイ、ベトナムとのEPAとなっている。他方で、その他のEPAの利用額は4,000億円以下にとどまっている。またEPA利用率を見ると、34%のベトナムが最も高く、タイ、モンゴル、インド、チリ、フィリピンとのEPAも比較的高くなっている。他方でブルネイとのEPAのように、利用実績が全くない事例もある。

では、なぜEPAの利用率は低いのだろうか。まず、WTO協定下の関税率が無税か極めて低い品目では、輸入時にEPAを利用する必要がない。また、EPAで新たに関税が撤廃・削減された品目でも、WTO税率との差が少なければ、EPA利用のメリットは乏しい。さらに、輸入者にメリットをもたらすような関税撤廃・削減が行われた品目でも、EPAの利用には様々な手間がかかる。具体的には、輸入する品目のEPAでの税率をタリフラインごとに調べなければならない。さらに、第9章で説明したように、EPAを利用した輸入品には、迂回輸入（→第9章）を防ぐための原産地証明書を添付しなければな

第10章　日本のEPAの動向　171

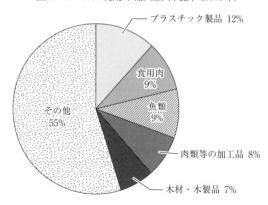

図10-12　EPA利用の輸入額の内訳（2015年）

資料：日本貿易振興機構（2016）『世界貿易投資報告 2016年版』をもとに筆者作成

らず、その取得には手間も料金もかかる。こうした手間もあって、EPAの利用率は大企業よりEPAに不慣れな中小企業で低い傾向がある。

最後に、図10-12には、EPAを利用した輸入額が多い品目を示した。2015年のEPAを利用した輸入額は、図10-10でも見たように3.1兆円で、その中で最大の割合を占めたのは、タリフラインの類別では、プラスチック製品であった。他方で、2位は食用肉、3位は魚類、4位は肉類等の加工品、5位は木材・木製品と、農林水産品も多くなっている。日本の農林水産品は、WTO協定での関税率が総じて高いため、EPAにおいて関税の撤廃でなく削減にとどめた場合でもEPA利用のメリットは大きく、一定の利用が進んでいるものと考えられる。

5　EPAの効果

EPAの貿易への効果について、図10-13を用いて検証してみよう。まず折れ線グラフ（EPA締結国）は、その時点での発効にかかわらず、2016年までに発効した15のEPA締結国に対する輸出額が日本の輸出総額に占める割合を表す。また棒グラフ（EPA発効国）は、その前年までに発効したEPA締結国に対す

図10-13　EPA締結国との輸出入額の推移

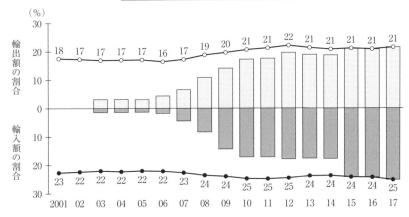

資料：財務省「貿易統計」をもとに筆者作成

る輸出額が日本の輸出総額に占める割合を表す（下図は、日本の輸入に関する同様のグラフである）。他の条件を一定とすると、EPAの締結によって締結相手国への輸出額が非締結国よりも増加すれば、EPA発効国への輸出額割合（棒グラフ）の上昇に伴って、EPA締結国への輸出額割合（折れ線グラフ）も上昇するはずである（輸入も同様）。しかし、実際の折れ線グラフは、ASEAN諸国とのEPAが発効した2000年代後半に特に輸出側でやや上昇したものの、その後は横ばいとなっている。

では、なぜEPAを締結しても相手国との貿易割合は大きく増えないのだろうか。まず最大の理由は、二国間の貿易に影響する要因は関税率だけでなく、経済情勢や為替レート等の影響が大きいことである。例えば、2008年の世界金融危機（リーマン・ショック）の際には、他国と同様に、日本の貿易額はEPAの有無にかかわらず大きく減少した。また、前節で説明したように、様々な理由でEPAの利用率が低いことも要因であろう。さらに、日本がEPAを締結した相手国が、第三国とも同様にFTAの締結を進めているのであれば、日本だけが有利になって輸出が拡大するとも限らない。このようにEPAは、個別

品目の輸出入には大きく影響する場合もあるものの、締結国間の貿易動向を大きく変えるものではないと考えられる。

6 おわりに

2000年前後に着手して以降、日本のEPAに対する姿勢は大きく変化した。当初はWTOの補完との位置づけで、アメリカやEU等の主要国・地域は避け、東南アジアを中心に経済規模が比較的小さい国々とEPAを締結してきた。その上で、重要5品目を中心とする多くの農産品を関税撤廃の例外とし、農業への悪影響を回避してきた。これまで締結したEPAでは、その利用率は低く、貿易の拡大効果も必ずしも大きくはない。これに対して、WTOドーハ・ラウンドの決裂が決定的になった2010年代に入ると、EPAはWTOの代替と位置づけられ、重要5品目でも追加的な貿易自由化が避けられない主要国・地域とのメガFTAにも積極的に取り組むようになった。このため次章以降では、日本が参加するメガFTAを順次取り上げる。

本章のまとめ

1. 日本は、物品やサービスの貿易自由化に、投資や知的財産等の広範な分野でのルール作りを加えた協定をEPAと呼んで推進している。
2. 日本のEPA政策は4つの期間に分けられ、当初はASEAN諸国が中心だったが、2013年以降は主要国とのメガFTAにも取り組んでいる。
3. 従来のEPAの自由化率は、貿易額では90％に達しているが、タリフラインを基準とする品目数では、農林水産品では約5割に過ぎない。
4. 日本のEPAカバー率は23％、EPA利用率も20％以下と低く、品目ごとに違いはあるものの、広範に利用されているわけではない。
5. 日本の輸出入総額に占めるEPA締結国との輸出入額の割合は、2000年代後半にやや上昇した後は横ばいで、貿易の拡大効果は大きくない。

キーワード解説

EPA：Economic Partnership Agreement の略で、物品やサービスの貿易自由化に、投資や知的財産等の広範な分野でのルール作りを加えた協定。

自由化率：EPA において協定発効後10年以内に関税を撤廃する品目の割合であり、貿易額ベースと品目数ベースがある。

貿易額ベース：自由化率の算出に実際の貿易額を用いる方式で、貿易総額に占める自由化した品目の貿易額の割合で表される。

品目数ベース：自由化率の算出にタリフラインを用いる方式で、タリフライン総数に占める自由化したタリフライン数の割合で表される。

タリフライン：輸入品に関税を課す基準となる品目の単位で、実行関税率表に掲載されている。日本は9桁制で、上2桁を類、4桁を項、6桁を号と呼ぶ。6桁までは各国で共通だが、7桁以下は各国ごとに異なる。

実行関税率表：日本に物品を輸入する際に課される関税率をタリフラインごとにまとめた表で、財務省のウェブサイトに掲載されている。

EPA 利用額：日本の EPA 締結相手国からの EPA 税率を利用した輸入額。

EPA 利用率：日本の EPA 締結相手国からの輸入総額に占める EPA 税率を利用した輸入額の割合。

原産地証明書：EPA 税率の適用対象となる原産地規則を満たすことを証明する書類。日本では、法令に基づいて日本商工会議所が有料で発給している。

考えてみよう

1．図10-4に関連して、農林水産省ウェブサイトの「海外農業情報」のページ（http://www.maff.go.jp/j/kokusai/kokusei/kaigai_nogyo/index.html#76）から任意の国を選び、日本の農林水産品を関税撤廃から除外した場合の貿易額ベースの自由化率を計算してみよう。

2．表10-2に関連して、財務省ウェブサイトの「実行関税率表」のページ（http://www.customs.go.jp/tariff/index.htm）から任意の品目を選び、その品目の EPA 税率を確認してみよう。

3．図10-8に関連して、日本の農林水産品の品目ベースの自由化率は約5割に過ぎないのに、「実質上全ての貿易についての関税撤廃」という GATT24条の要件を満たしている理由を考えてみよう。

さらに学びたい人のために

作山巧（2015）『日本のTPP交渉参加の真実——その政策過程の解明』文眞堂
　第3章（日本のEPAへの着手と進展）で、日本がEPAに着手した1999年からASEAN諸国との交渉が一巡した2006年にかけての展開について、農業分野を中心に簡潔にまとめている。

梶田朗・安田啓編著（2014）『FTAガイドブック2014』日本貿易振興機構
　日本を含む主要国のFTAの現状について、国別・分野別に詳細に解説している。専門的な内容を含み、一定の予備知識が必要である。

環太平洋パートナーシップ(TPP)協定
―― TPP はなぜ大きな議論を呼んだのか

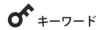 キーワード

P4協定／TPP 協定／TPP11協定／国別枠／TPP 枠／セーフガード／TAG

 新聞記事で学ぶ：TPP が大きな議論を呼んだのはなぜ？

　世界中が参加する多国間の交渉が行き詰まり、1980年代後半からは2国間の自由貿易協定（FTA）が主流となった。米国が第1号の FTA 交渉開始を決めた［19］82年が最初の兆候だった。相手はイスラエルだった。

　多くの国が時代の変化を見落とし、多国間の世界貿易機関（WTO）交渉に幻想を抱き続けた。日本もそうだ。だが小国は変化に敏感でなければ生き残れない。ニュージーランドは素早くカジを切り、オーストラリアとの2国間交渉に踏み切った。（中略）

　豪州との合意をバネに、［19］90年代半ばにはシンガポールに戦略的な対話を呼びかけた。そこで設計した構想が現在の TPP の原型である。我々は「P5」と呼んでいた。「パシフィック（太平洋）5カ国」という意味だ。

　実際には「P4」となり、ニュージーランド、シンガポール、ブルネイ、チリが包括的な貿易協定を結んだ。小国同士だから高水準の協定ができた。当初の構想から脱落したのは米国である。

その米国が再び参入して誕生したのが TPP だ。アジアの成長力を重視したオバマ政権が、既に結実していた高水準の P4 をうまく利用したわけだ。

　安倍晋三首相の歴史に残る政治決断で日本が加わり、TPP は世界の自由化の原動力に転化した。触発された欧州連合（EU）は、アメリカと FTA 交渉に乗り出した。

　やがて TPP は、北米自由貿易協定（NAFTA）と融合するだろう。世界のあちこちで連鎖的に FTA の融合が起きる。WTO では果たせなかった世界規模の貿易自由化が、まさに実現する。

　この力学を維持するために TPP は目標を高く保ち続けなければならない。地域が広がるにつれて中身が薄くなれば、期待もしぼみ、推進力は失われてしまう。歴史を逆戻りさせてはならない。（談）

　出所：日本経済新聞朝刊（2013年11月25日）「TPP、高水準でこそ意義　ニュージーランド貿易相ティム・グローサー氏」（聞き手は太田泰彦）から引用。[　] 内は筆者による注。

本章で学ぶこと

　日本がそれまで締結した EPA とは異なり、日本の TPP への参加は2010年代前半に大きな論争となった。TPP は EPA とどう違うのだろうか。また、TPP が特に大きな議論を呼んだのはなぜだろうか。本章では、日米を含む12カ国が署名したものの、アメリカの離脱で未発効となった TPP 協定と、アメリカを除く11カ国により2018年に発効した TPP11協定について学ぶ。

1 TPP 交渉の経過

　「環太平洋パートナーシップ協定」（Trans-Pacific Partnership Agreement：TPP 協定）は、アジア太平洋の12カ国による多数国間 FTA で、参加国の段階的な拡大が特徴である。アメリカは1998年、オーストラリア、ニュージーラン

ド、シンガポール、チリの5カ国による Pacific 5 FTA（P5）を提唱したが、これが頓挫したことを受けて、ニュージーランドとシンガポールが全品目の関税撤廃や広範なルールを盛り込んだFTAを2001年に締結した。さらに2006年には、両国にチリとブルネイを加えて「環太平洋戦略的経済連携協定」（P4協定）が発効した。その後アメリカは、2008年に P4協定の拡大交渉である TPP 交渉への参加を表明し、オーストラリア、ペルー、ベトナムも追随した。これら8カ国で交渉が開始された2010年にはマレーシアが参加し、メキシコとカナダは2011年、日本は2013年に交渉に参加した。

日本の TPP 交渉への参加は、菅首相が参加の検討を表明した2010年から安倍首相が参加を決定した2013年にかけて、大きな論争を呼んだ。その主な理由は TPP の関税撤廃の原則にある。TPP の前身であるニュージーランドとシンガポールの FTA や P4協定では、全品目の関税撤廃に合意した。また、日本の交渉参加前の2011年に TPP 参加国の首脳が合意した「TPP の輪郭」にも、「関税その他の障壁の撤廃」が明記されていた。この原則を適用すれば、日本も米を含む**重要品目**（→第5章）の関税撤廃を強いられるため、農業団体を中心に激しい反対運動が展開された。最終的には、衆参の農林水産委員会は2013年4月に「農林水産物の重要品目を除外又は再協議とする」との決議を採択し、政府はそれを尊重するとの前提で交渉に参加した。

TPP 交渉は2015年10月に妥結し、参加国は2016年2月に TPP 協定に署名した。その後、日本とニュージーランドは協定を承認したものの、2017年1月に就任したトランプ大統領が、アメリカの TPP 協定からの離脱を決定したため、その発効は不可能となった。TPP 協定の発効には、「参加国の GDP 合計の85％以上を占める6カ国以上の承認」が必要とされており、GDP 合計の6割を占めるアメリカが離脱すれば、この要件を満たすことはできないからである。

これを受けてアメリカを除く11カ国は、2017年11月に TPP 協定を基にした「包括的で先進的な環太平洋パートナーシップ協定」（Comprehensive and Progressive Agreement for Trans-Pacific Partnership：**TPP11協定**）に合意し、2018年3月に署名した。TPP11協定は全7条の簡素な協定で、①TPP 協定の維持、②アメリカの要求で盛り込まれた22項目の凍結、③発効要件を6カ国の承認の

みに変更、④アメリカの復帰又は未復帰が確定した場合の見直し等を規定している。その後TPP11協定は、メキシコ、日本、シンガポール、ニュージーランド、カナダ、オーストラリアが承認し、2018年12月30日に発効した。以下では、アメリカを含む12カ国による協定をTPP協定、アメリカを除く11カ国による協定をTPP11協定と表記する。

2 参加国の貿易概況

　図11-1に示したように、TPP協定への参加国は、世界のGDPの36％、人口の11％、貿易額の26％を占めている。日米両国が参加するメガFTAであり、その経済的な意義は大きい。これに対して、アメリカが離脱した後のTPP11協定への参加国が世界に占める割合は、GDPの14％、人口の6％、貿易額の15％へと大幅に低下した。また、アメリカが離脱したことによって、「EU、アメリカ、中国、日本のうち2つ以上が参加する」というメガFTAの要件を欠くことになり、世界経済における地位も低下した。

　次に、日本のTPP参加国との貿易額の内訳を図11-2に示した。日本のTPP参加国への輸出額は23兆円で、これは日本の輸出総額の33％を占める。他方で、アメリカを除くTPP11参加国に対する輸出額は9兆円へと大きく減

図11-1　TPP参加国の対世界割合（2014年）

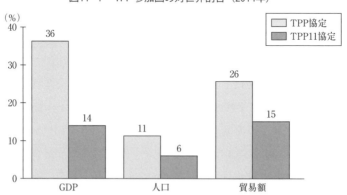

資料：日本貿易振興機構（2015）『世界貿易投資報告 2015年版』をもとに筆者作成

図11-2 TPP 参加国との貿易額（2016年）

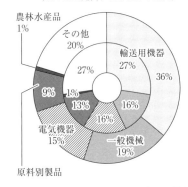
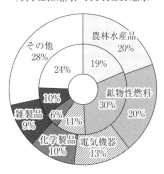

資料：財務省「貿易統計」をもとに筆者作成
注：外円は TPP 協定、内円は TPP11協定である。

図11-3 TPP 参加国との農林水産品の貿易額（2016年）

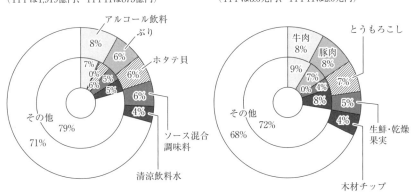

資料：農林水産省「我が国の農林水産物輸出入実績」をもとに筆者作成
注：外円は TPP 協定、内円は TPP11協定である。

少し、日本の輸出総額に占める割合も13％に低下する。品目別では、自動車を中心とする輸送用機器や一般機械の割合が大きい。これに対して、日本のTPP 参加国からの輸入額は18兆円で、日本の輸入総額の27％を占める。他方で、TPP11参加国からの輸入額は11兆円で、輸入総額に占める割合は16％と

なる。品目別に見ると、アメリカの参加の有無にかかわらず、農林水産品の占める割合が約2割と大きいのが特徴である。

さらに、TPP参加国との農林水産品の貿易額の内訳を図11-3に示した。日本のTPP参加国に対する輸出額は1,919億円で、アルコール飲料、ぶり、ホタテ貝等が多い。他方で、アメリカを除くTPP11参加国に対する輸出額は875億円と半分以下に減少する。これに対して、TPP参加国からの輸入額は3.6兆円と輸出額の19倍もあり、牛肉、豚肉、とうもろこし等の割合が大きい。他方で、TPP11参加国からの輸入額は2兆円で、アメリカが抜けたことによって、とうもろこしの割合が大幅に低下している。

以上をまとめると、アメリカを含むTPP協定は、世界のGDPや貿易額に占める割合が3割前後と大きいのに対して、TPP11協定の割合は1割台に過ぎず、経済的な意義は大幅に低下した。また、アメリカを含むTPP参加国への日本の輸出額は、自動車を中心に23兆円と大きく、相手国の関税撤廃による輸出拡大等も期待されたが、TPP11協定では9兆円へと大幅に縮小し、こうしたメリットも縮小した。他方で、日本の輸入額に占める農林水産品の割合は、アメリカ、カナダ、オーストラリアといった農産物の主要輸出国が含まれているため、TPP協定では20％、TPP11協定でも19％と高く、**重要品目**である牛肉や豚肉等の割合も大きいことから、関税撤廃による国内農業への悪影響が懸念される参加国の構成となっている。

3 TPP協定の概要

TPP協定の本体は全30章からなり、附属書も含めるとその分量は数千ページに達する。その構成は、物品貿易に関する章、サービス貿易に関する章、ルールに関する章、参加国間の協力に関する章、協定の運用に関する章に大別される。以下では、日本の食料と農業に特に関係が深い分野として、TPP協定第2章の物品市場アクセス（関税）、第7章の衛生植物検疫措置、第18章の知的財産のうち地理的表示の3つの分野に絞って、協定の概要を紹介する。

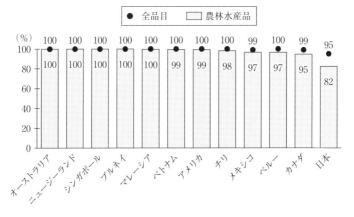

図11-4　TPP参加国の関税撤廃率（品目数ベース）

資料：農林水産省「TPPにおける農林水産物関税の最終結果」（2016年2月29日）をもとに筆者作成

日本の農産品関税

　農産品を含む物品の関税については、基本的なルールが第2章の物品市場アクセス章に規定され、各国の品目ごとの関税率はそれに付属する譲許表に記載されている。TPP協定参加国における**品目数ベース**（→第10章）の関税撤廃率は、図11-4に示したとおりである。工業品を含む全ての品目の関税撤廃率は、大半の参加国が100％であり、日本だけが95％と低くなっている。他方で、農林水産品の関税撤廃率は100％に満たない国も多いものの、日本の関税撤廃率はその中でも82％と際だって低くなっている。

　次に、日本の関税撤廃品目の分野別内訳は図11-5のとおりである。日本は総タリフライン（→第10章）の9,321品目のうち、工業品の関税を全て撤廃したうえで、農林水産品の82％に相当する2,135品目で関税撤廃を約束した。この結果、品目数ベースによる全品目の関税撤廃率は95％となり、図10-7で見たように、88％が最高だった従来のEPAと比べて大幅に上昇した。特に農林水産品の関税撤廃率は、図10-8に示したように、従来のEPAでは最高でも59％であり、TPP協定ではそこから20ポイント以上も上昇した。農産品の重要5品目に関する約束の概要は、以下の通りである。なお、日本の約束の実施は年度単位であり、協定発効日の2018年12月30日から2019年3月31日までが1

図11-5 日本の関税撤廃品目の分野別内訳（タリフライン数）

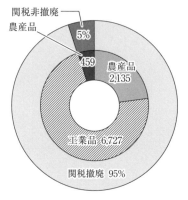

資料：農林水産省「TPPにおける農林水産物関税の最終結果」（2016年2月29日）をもとに筆者作成
注：タリフライン数はHS2012ベース。

図11-6 米の国別枠の推移

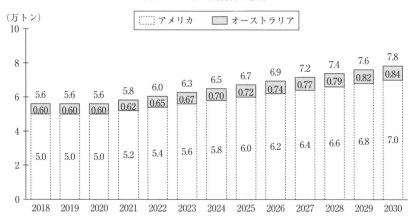

資料：農林水産省「TPP農林水産物市場アクセス交渉の結果」（2015年10月）をもとに筆者作成
注：TPP協定から離脱したアメリカの国別枠は凍結されている。

年目、2019年4月1日からが2年目となる。

　米では、アメリカとオーストラリアに対して国別枠を設定する（アメリカの国別枠はTPP11協定で凍結）。図11-6に示したように、協定発効時（2018年）の国別枠の数量は、アメリカが5万トン、オーストラリアが6,000トンで、13年

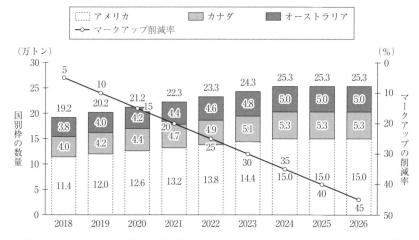

図11-7 小麦の国別枠の推移

資料：農林水産省「TPP農林水産物市場アクセス交渉の結果」（2015年10月）をもとに筆者作成

注：TPP協定から離脱したアメリカの国別枠は凍結されている。

目（2030年）にそれぞれ7万トン、8,400トンへ拡大する。国別枠の数量内の輸入品に関しては、WTO枠と同様に関税率は無税だが、農水省がマークアップ（→第5章）を徴収する。他方で、国別枠の数量を超える輸入品に対しては、WTO枠と同様に341円/kgの枠外税率が課される。

小麦では、アメリカ、カナダ、オーストラリアに対して国別枠を設定する（アメリカの国別枠はTPP11協定で凍結）。図11-7に示したように、協定発効時（2018年）の国別枠の数量は、アメリカが11.4万トン、カナダが4万トン、オーストラリアが3.8万トンで、7年目（2024年）にそれぞれ15万トン、5.3万トン、5万トンへと拡大する。国別枠の数量内の輸入品に関しては、農水省がマークアップを徴収するが、WTO枠では上限が45.2円/kgとされているマークアップを段階的に45％削減する。他方で、国別枠の数量を超える輸入品に対しては、WTO枠と同様に55円/kgの枠外税率が課される。

牛肉では関税を削減する。TPP協定における関税率の推移は図11-8に示した。現行の38.5％の関税率を協定の発効時に27.5％に削減し、その後は10年目（2027年）に20％、16年目（2033年）に9％へと段階的に削減する。他方で、

図11-8　牛肉の関税率の推移

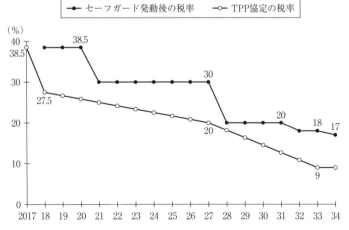

資料：農林水産省「TPP農林水産物市場アクセス交渉の結果」（2015年10月）をもとに筆者作成

TPP参加国からの輸入量があらかじめ定めた数量を超える場合には、セーフガードが発動されて関税率が一時的に引き上げられる。しかし、発動の基準となる数量は、発効時の年間59万トンから16年目には73.8万トンへと段階的に増加するため、セーフガードは徐々に発動されにくくなり、16年目以降に4年間発動がなければ、セーフガードは廃止される。なお、従来のEPAと同様に、アメリカ以外のTPP参加国は**緊急関税措置**（→第5章）の対象から除外される。

豚肉では関税を削減又は撤廃する。TPP協定における豚肉の**差額関税制度**（→第5章）の変更は図11-9に示した。輸入価格に応じて関税額が変化する差額関税制度や、差額関税が従価税に切り替わる境界の分岐点価格（524円/kg）は維持される。他方で、協定発効後10年目（2027年）までに、従量税を482円/kgから50円/kgへと大幅に削減し、差額関税の適用範囲は65～524円/kgから474～524円/kgへと縮小した上で、4.3％の従価税は撤廃する。TPP参加国からの輸入量があらかじめ定めた数量を超える場合には、セーフガードが発動されて関税率が一時的に引き上げられる。しかし、発動基準数量は段階的に増加するため、セーフガードは徐々に発動されにくくなり、12年目（2029年）には廃止される。なお、従来のEPAと同様に、アメリカ以外のTPP協定参加国

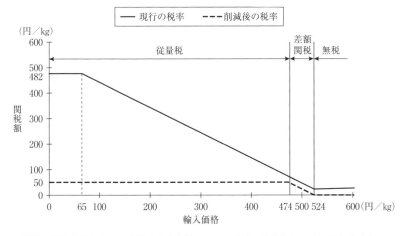

図11-9 豚肉の差額関税制度の変更

資料：農林水産省「TPP農林水産物市場アクセス交渉の結果」（2015年10月）をもとに筆者作成

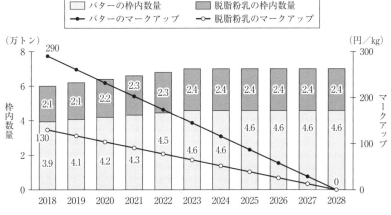

図11-10 乳製品のTPP枠の推移

資料：農林水産省「TPP農林水産物市場アクセス交渉の結果」（2015年10月）をもとに筆者作成

第11章 環太平洋パートナーシップ（TPP）協定

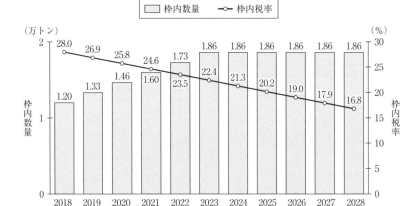

図11-11 ココア調製品のTPP枠の推移

資料：農林水産省「TPP農林水産物市場アクセス交渉の結果」(2015年10月)をもとに筆者作成

は緊急関税措置の対象から除外される。

　乳製品では、TPP参加国を一括したTPP枠を設定する。図11-10に示したように、TPP枠の数量は、協定発効時にはバターが3.9万トン、脱脂粉乳が2.1万トンで、6年目（2023年）にはそれぞれ4.6万トン、2.4万トンに拡大される。TPP枠の枠内税率に関しては、WTO枠に課されているマークアップを、TPP協定では撤廃する。具体的には、バターには35％の関税と290円/kgのマークアップが課されているが、マークアップを撤廃して関税のみとする。また脱脂粉乳には、25％又は35％の関税と130円/kgのマークアップが課されているが、マークアップを撤廃して関税のみとする。他方で、TPP枠の数量を超える輸入品に対しては、WTO枠と同様の枠外税率が課される。

　砂糖では、砂糖本体は現行の**糖価調整制度**（→第5章）を維持した上で、一部の品目に限って関税を無税とし、**調整金**（→第5章）を削減する。また、砂糖を含む製品の原料として用いられる加糖調製品では、品目ごとにTPP枠を設定し、枠内税率を削減又は撤廃した上で、合計の枠内数量を当初の6.2万トンから11年目（2028年）に9.6万トンへ拡大する。このうち、チョコレート菓子等の原料として用いられ、TPP枠の数量が最も大きいココア調製品（含糖率

約9割）の約束内容を図11-11に示した。TPP枠の数量は、協定発効時の1.2万トンから6年目（2023年）に1.86万トンへと拡大し、枠内税率は当初の28％から11年目に16.8％まで削減する。

　TPP11協定では関税分野の合意は維持したため、日本はアメリカ以外の10カ国に対して、TPP協定をそのまま適用した。この際に、乳製品等のTPP枠の枠内数量や、牛肉や豚肉等のセーフガードの発動基準数量は、アメリカからの輸入分を含めて設定されたものの、TPP11協定ではその分を差し引いていない。このため、日本への輸出でアメリカと競合するカナダやオーストラリア等は、アメリカの分まで低い関税率で日本に輸出できるため、漁夫の利を得ることになった。これに対して、米や小麦等の国別枠は、当初からアメリカに限定されたものであり、TPP11協定では凍結された。

相手国の農産品関税

　日本の農産品の輸出拡大の観点からは、他の参加国の日本に対する関税撤廃の状況も見る必要がある。表11-1には、日本が輸出を促進している農産物のうち、TPP協定で相手国が新たに関税撤廃等を約束した品目を示した。「新たに」というのは、TPP参加国には、関税の大半がWTO協定で無税の国や、日本とのEPAで関税を撤廃済みの国が多いためである。表11-1によれば、新規の関税撤廃等はアメリカとベトナムが大半で、アメリカは関税率が低い品目が多いことから、輸出拡大の効果が期待されるのはアメリカ・カナダの牛肉やベトナムの加工食品が主である。さらに、その後のTPP協定からの離脱によって、アメリカの約束は無効になった。このため、TPP11協定による日本の農産物の輸出拡大効果は限定的である。

衛生植物検疫措置

　TPP協定第7章のSPS章は全18条からなり、日本の従来のEPAと比べて詳細な規定を含んでいる。まず、SPS章の目的としては、①貿易を円滑化・拡大しつつ、人や動植物の生命・健康を保護すること、②WTOのSPS協定を強化・拡充すること、といった6つを明示している（7.2条）。また、SPS協

表11-1　TPP協定参加国の日本に対する約束内容

相手国	品目	現行税率［EPA税率］	TPP協定の約束内容
アメリカ	精米	1.4セント/kg	5年目撤廃
	米菓	無税～4.5%	即時撤廃
	日本酒	3セント/ℓ	即時撤廃
	牛肉	WTO関税割当枠内：4.4セント/kg、200トン WTO関税割当枠外：26.4%	国別枠内：5～10年目撤廃 国別枠外：関税割当〔無税、3,000トン（1年目）→6,250トン（14年目）〕、15年目撤廃
	なし	無税又は0.3セント/kg	即時撤廃
	みかん	1.9セント/kg	10年目撤廃
	かき	2.2%	即時撤廃
	ながいも	6.4%	5年目撤廃
	切り花	3.2～6.8%	即時撤廃
	味噌	6.4%	5年目撤廃
	醤油	3%	5年目撤廃
	チョコレート	2%～52.8セント/kg＋8.5%	即時～20年目撤廃
	清涼飲料水	0.2セント/ℓ	即時撤廃
ベトナム	牛肉	15～31%［11.3%］	3年目撤廃
	りんご	15%［7.3%］	3年目撤廃
	味噌	20%	5年目撤廃
	醤油	30%［16.4%］	6年目撤廃
	チョコレート	13～25%	5～7年目撤廃
	清涼飲料水	27～34%［14.6~22.5%］	7年目撤廃
	即席麺	34%［14.6%］	6年目撤廃
カナダ	牛肉	26.5%	6年目撤廃
	切り花	無税～16%	即時撤廃
メキシコ	牛肉	20～25%［EPA枠内：2.0～2.5%、6,000トン］	10年目撤廃

資料：農林水産省（2016）「日本以外の国の関税撤廃状況及び各国の対日関税に関する最終結果（HS2012版）」（平成28年3月11日）をもとに筆者作成
注：現行税率は2010年1月1日時点の税率で、［　］内は2015年4月1日時点のEPA税率である。

定に基づく権利や義務を確認した上で、TPP協定がSPS協定上の参加国の権利・義務を制限しない旨を規定している（7.4条）。このように、SPS章はSPS協定を前提とした上で、それに上乗せした規定を含んでいることから、それ単

独ではなくSPS協定と併せて検討する必要がある。その上で、実体的な規定は、SPS協定の実質的なルール変更と手続の詳細化に大別される。

　まず、実質的なルール変更例には、次の2点が挙げられる。まず、SPS措置（→第7章）の同等性の認定要件（SPS協定4条）に関して、輸出国の措置が輸入国の措置と「同等の保護水準を達成している場合」に加えて、「同等の効果を持つ場合」が追加された（7.8条6項(b)）。他方でSPS章には、SPS協定上の権利・義務を認め、参加国が適切な保護水準を設定する権利を確認する旨の規定もあり（7.9条3項(a)）、TPP協定でSPS措置の保護水準を設定する権利が制約されるかについて賛否がある。また、危険性評価（SPS協定5条）に関して、自国のSPS措置が国際基準に適合していない場合に、「記録された客観的で科学的な証拠に基づくことを確保する」旨が規定された（7.9条2項）。SPS協定3条3項では、その要件は「科学的に正当な理由がある場合」とされており、TPP協定で国際基準より厳しいSPS措置をとる権利が制限されるとの指摘がある。ただし、これらの規定は紛争解決の対象外とされており、輸出国側は実質的なルール変更を求めたものの、輸入国側が抵抗し、紛争解決を回避することで折り合った可能性もある。

　次に、手続の詳細化については、以下のような多くの条項がある。まず、7.11条（輸入検査）では、輸入検査の迅速な実施や輸入禁止時の7日以内の通報等を規定している。次に、7.12条（証明）では、証明内容を衛生植物検疫の際に不可欠な情報に限定すること等を規定している。また、7.13条（透明性）では、SPS措置の通報後に最低60日間のコメント提出期間を設けることや、SPS措置の公表から実施の間に6カ月以上の期間を設けること等を規定している。さらに、7.17条（協力的な技術的協議）では、①SPS措置をめぐる協議要請に7日以内に回答する、②180日以内の解決を目指して30日以内に協議を開始する、③37日以内に協議が開始されない場合は紛争処理を求めることができる、といった詳細な期限を定めている。他方で、これらの期限には、WTOのSPS委員会で策定された決定やガイドラインを反映したものもあり、SPS協定を越えているとはいえない。

　SPS章に対する国内の評価は分かれている。日本政府は、「SPS章はSPS協

定を踏まえた規定となっており、日本の制度変更が必要となる規定は設けられておらず、日本の食品の安全が脅かされるようなことはない」と説明している。他方で、SPS協定のルールを実質的に変更する規定があり、今後の紛争次第で制度変更が求められることもありうるとの主張もある。こうした相違は、SPS章が「参加国のSPS協定上の権利・義務を制限しない」と規定する一方で、目的には「SPS協定の強化・拡充」を明記し、実質的にルールを変更する規定を設けているという矛盾にある。つまり、日本政府等は前者を、それを否定する論者は後者をそれぞれ根拠に、自らの主張を正当化している。いずれにしても、アメリカ等の輸出国の利害を反映し、SPS協定を実質的に超える規定が追加されているのは確かである。

地理的表示

　TPP協定における地理的表示（→第8章）の規定は、全7条からなっている。まず、地理的表示の定義は、WTOのTRIPS協定と同一である（18.1条）。その上で、EU等が進める特別な制度での追加的保護の拡大阻止を念頭に、地理的表示の認定手続に関して、異議申立てや認定取消しについて定めることを求め（18.31条）、異議申立てや取消しの根拠（既存の商標との混同、普通名称、翻訳名称等）についても規定している（18.32条）。また、普通名称かどうかの具体的な判断基準を設け（18.33条）。複合名称の構成要素となっている普通名称は保護しない旨も規定している（18.34条）。さらに、参加国が国際協定で地理的表示を保護する場合（18.36条）は、既に合意・署名・発効済みの協定で保護していれば本条を適用しない（6項）一方で、今後保護する場合は異議申立ての機会等を提供する（1項）ことが求められる。

　このように、TPP協定における地理的表示の規定は、第8章で説明したアメリカ等の主張を反映し、参加国における特別な制度による地理的表示の追加的保護を抑制するものとなっている。そうした方向性は、2015年に農林水産物・食品に追加的保護を適用する独自の地理的表示保護制度を創設した日本とは異なっている。他方で、その検討の時点では既にTPP交渉が進行していたことから、日本のGI法では、意見書の提出や登録の取消し等に関して、TPP

協定と整合的な規定を定めている。このように、地理的表示をめぐって主張が正反対のアメリカと EU の両方と地理的表示の規定を含む EPA に合意した日本は、双方の主張を取り入れつつ、相互に矛盾しない制度を実施することが求められた。

4 TPP 協定の影響と対策

TPP 協定の影響に関しては、日本政府による経済効果の試算結果を図11-12に示した。まず、アメリカを含む TPP 協定については、関税の削減に加えて貿易円滑化や非関税障壁の削減も加味した試算によれば、輸出入の拡大、生産性の上昇、所得の増加を通じて、日本の GDP は13.6兆円（GDP の2.59％）増加すると見込まれる。他方で、関税の削減のみを対象とした試算では、内訳は示されていないものの、GDP の増加額は1.8兆円（同0.34％）へと低下する。次に、アメリカを除く TPP11協定については、関税の削減に加えて貿易円滑化や非関税障壁の削減も加味した試算では、日本の GDP は7.8兆円（GDP の1.49％）増加すると見込まれる。他方で、関税の削減のみを対象とした試算で

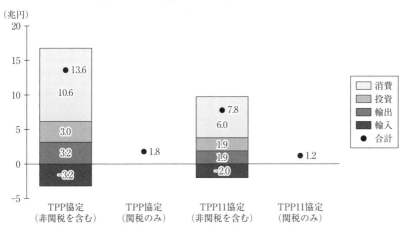

図11-12　TPP 協定による日本の GDP 増加額

資料：内閣官房「TPP 協定の経済効果分析」（2015年12月）、「日 EU・EPA 等の経済効果分析」（2017年12月）をもとに筆者作成

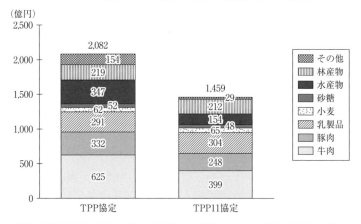

図11-13 TPP協定による農林水産物の生産減少額（上限値）

資料：農林水産省「農林水産物の生産額への影響について」（2015年12月）、「農林水産物の生産額への影響について（TPP11）」（2017年12月）をもとに筆者作成

は、GDPの増加額は1.2兆円（同0.22％）へと低下する。

　ただし、これらは協定発効から10〜20年後の効果とされ、慎重な解釈が必要である。まず、試算の対象は関税・非関税障壁の削減や貿易円滑化に限定され、ルール分野の効果は含まれていないため、過小評価の可能性がある。他方で、貿易円滑化や非関税障壁の削減の効果やそれらがGDPの増加につながるメカニズムの評価手法は十分に確立されておらず、政府試算は大胆な前提に基づいている。また、農林水産物への影響は、国内対策を加味して生産額が維持されるという下記の試算に基づいており、協定の効果に絞った試算にはなっていない。このため、TPP協定の効果が過大に評価されている可能性もある。確かなのは、日本政府の試算結果も示すように、関税削減の経済効果はあまり大きくはないということである。

　次に、日本政府によるTPP協定の農林水産業への影響試算を図11-13に示した。まず、関税撤廃の例外を含む合意内容と下記の国内対策を反映したTPP協定の影響試算では、日本の農林水産物の生産額は、最大で3％に相当する2,082億円減少するものの、生産量は維持され食料自給率も変わらないと見込まれた。また、合意内容と国内対策を加味したTPP11協定の影響試算では、

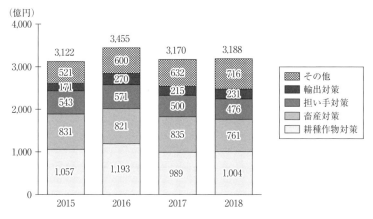

図11-14 TPP 等対策費の推移

資料：農林水産省「予算、決済、財務書類等」をもとに筆者作成

　農林水産物の生産額は、最大で約 2％に相当する1,459億円減少するものの、生産量は維持され食料自給率も変わらないと見込まれた。品目別に見ると、いずれの場合でも、牛肉、豚肉、乳製品といった畜産物の生産減少額が大きいと見込まれている。

　TPP 交渉の妥結を受けて、政府は2015年11月に「総合的な TPP 関連政策大綱」を決定した。これに基づいて2015年度以降は、図11-14に示したように、補正予算を活用して TPP 協定に備えた国内対策が実施されてきた。その内訳では、耕種作物や畜産に対する支援策が多くを占めている。また、第12章で取り上げる日欧 EPA の交渉が妥結した2016年度以降は、これに日欧 EPA に備えた対策が追加された。このように、TPP11協定や日欧 EPA が発効する以前から、農林水産業の競争力を強化するための国内対策が実施されており、その総額は2018年度までの 4 年間で約 1 兆3,000億円に上っている。

5　今後の展望

　TPP 協定の関税分野では、2 つの再協議規定が設けられている。第 1 は、

一定期間経過後の約束の見直しである。具体的には、オーストラリア、カナダ、チリ、ニュージーランドからの要請があれば、市場アクセスを増大させる観点から、日本はTPP協定の約束に関して、協定発効後7年後以降に協議することが規定されている。第2は、第三国とのFTAを念頭においた約束の見直しである。具体的には、日本が第三国との協定でTPP協定よりも有利な待遇を与えた場合に、上記4カ国からの要請があれば、それと同等の待遇を付与する観点から、日本はTPP協定の約束に関して、要請日の1カ月以内に協議することが規定されている。

　また、2017年1月にTPP協定から離脱したアメリカとの関係も、今後の展開が注目される。トランプ政権は、TPP協定のような多国間ではなく二国間でFTAを進める方針に転換し、日本との間でも事実上のFTAである日米物品貿易協定（TAG）の交渉開始に合意した。それを決定した2018年9月の日米共同声明には、「日本の農林水産品について、過去のEPAで約束した市場アクセスの譲許内容が最大限である」旨が明記された。日本が関税分野で最大限に譲歩したのはTPP協定であるため、本書の執筆時点では、TAGにおける日本の農産品の約束内容は、概ねTPP協定と同水準になるとの見方もある。本章で、アメリカを除いて発効したTPP11協定だけでなく、アメリカを含むTPP協定の内容を紹介したのもこのためである。

6　おわりに

　日米を含む参加国のGDPが世界の3分の1を占めるTPP協定は、最初に妥結したFTAであった。その一因は、ドミノ効果（→第9章）にある。TPP協定は、ニュージーランドのような関税率の低い小国同士が高水準のFTAを締結し、それを維持しつつ参加国を段階的に拡大することで、大国の参加と高水準の関税撤廃という相反する課題を両立した。高水準の自由化を約束するFTAに大国のアメリカが参加すれば、非参加国はアメリカへの輸出で不利になる。さらに参加国が増えるほど、後から参加する国は先に参加した国から参加を拒まれる恐れが高まる。このように、参加の魅力と非参加のリスクを徐々

> **Column ❷　ニュージーランドが TPP に込めた戦略**
>
> 　本章で述べたように、TPP 協定はニュージーランドがシンガポールと締結した FTA に端を発する。この意味で TPP の生みの親はニュージーランドであり、その中心人物が同国で長く貿易交渉を主導してきたグローサー氏である（冒頭の新聞記事を参照）。そのなごりは、同国が TPP 協定と TPP11協定の寄託国（条約のとりまとめ国）であることにも表れている。ではなぜ、ニュージーランドは TPP を進めたのだろうか。
>
> 　グローサー氏の戦略は、「小国同士で高水準の P4協定を策定してアメリカを参加させ、それによって日本も引き込むことで、両国から乳製品の関税撤廃を獲得する」というものだった。乳製品は同国の主要な輸出品であるが、図4‐3に示したように主要国の関税率は高く、FTA 交渉入りを日米から拒否されたニュージーランドは、TPP によって乳製品の関税撤廃を狙った。こうした戦略は、関税撤廃の原則を維持しつつ、2013年に日本が交渉に参加するまではほぼ筋書き通りだった。
>
> 　しかし、最終的に TPP 協定でアメリカと日本がニュージーランドに約束した乳製品の輸入数量はごくわずかで、さらにアメリカは TPP 協定から離脱した。このため、ニュージーランドが得た利益は大きくない。しかしアメリカの離脱後も、TPP 協定は TPP11協定として2018年に発効し、タイや台湾等は加盟を希望している。このように、高水準の協定だからこそ非参加国の損失は大きく、それを回復しようとして新規参加国が連なるという TPP 協定の推進力は、未だに失われていない。

に高めることで、ドミノ効果がフルに発揮され、当初は慎重だった日本も参加を余儀なくされた（章末のコラムを参照）。

　さらに TPP 協定の背景には、経済的な動機だけでなく、第9章で説明した政治的・戦略的な動機もあった。例えば、アメリカは2008年に P4協定の拡大交渉への参加を表明したが、そのうち2カ国とは既に FTA を締結済みで、経済的な利益はほとんどなかった。その後オバマ大統領は、「世界経済のルールは中国ではなく我々が書く」と述べ、TPP 協定の念頭には中国との覇権争いがあることを明言している。また、日本の TPP 交渉参加も同様で、安倍首相は2013年の参加表明時に、中国を念頭に TPP 協定の安全保障への寄与に言及している。さらに、アメリカが離脱した後に日本が TPP11協定を推進した背景にも、高水準の自由化の前例を確立することによって、RCEP 交渉で中国に対抗する戦略的な動機があった。

本章のまとめ

1. 日米を含む12カ国は2016年にTPP協定に署名したものの、アメリカの離脱を受け、残る11カ国によるTPP11協定が2018年に発効した。
2. 日本は農林水産品の82％で関税を撤廃し、重要5品目でも追加的な自由化を約束した結果、畜産物を中心に生産額が減少すると見込まれる。
3. 衛生植物検疫措置では、SPS協定を超える規定を設ける一方で、地理的表示では、追加的保護の拡大を抑制する規定が主体となっている。
4. TPP交渉の妥結を受けて、2015年度からTPP協定の発効に備えた国内対策が開始され、2018年度までの4年間で1兆円以上が充てられた。
5. 日本は2018年にアメリカと事実上のFTAであるTAGの交渉開始に合意し、農産品の約束内容は概ねTPP協定と同水準との見方もある。

 キーワード解説

P4協定：ニュージーランド、シンガポール、チリ、ブルネイの4カ国が2006年に締結した地域間FTAで、TPP協定のベースとなった。正式名称は「環太平洋戦略的経済連携協定」で、その略称のP4はPacific 4を意味する。

TPP協定：日米を含む12カ国が参加するメガFTAで、2016年に署名されたものの、2017年にアメリカが離脱したため、未発効となっている。

TPP11協定：アメリカ以外のTPP参加国が署名し2018年に発効した協定。正式名称は、「包括的で先進的な環太平洋パートナーシップ協定」(CPTPP)。

国別枠：特定の参加国に限定した関税割当枠。TPP協定で日本は米や小麦等で創設し、日本以外ではアメリカとメキシコが設定した。

TPP枠：特定の参加国に限定しない関税割当枠。TPP協定で日本は乳製品等で創設し、日本以外ではカナダ、マレーシア、ベトナムが設定した。

セーフガード：輸入量があらかじめ設定した基準数量を超えた場合に自動的に関税率を引き上げる措置で、日本では牛肉や豚肉等が対象となっている。

TAG：2018年9月に交渉開始に合意した事実上の日米FTAに関する日本側の略称で、「日米物品貿易協定」(Trade Agreement on Goods)の略。

❓ 考えてみよう

1. 冒頭の新聞記事に関連して、TPP協定への参加国が段階的に拡大した理由について考えてみよう。
2. 図11-4に関連して、日本がそれまで締結したEPAとは異なり、TPP協定が特に大きな議論を呼んだ理由について考えてみよう。

➤ さらに学びたい人のために

日本経済新聞社編（2017）『TPPがビジネス、暮らしをこう変える』日本経済新聞出版社

TPP協定の日本への影響や農業対策の策定経緯等について、日本経済新聞社の記者らが、交渉当事者へのインタビューも交えて解説している。

作山巧（2015）『日本のTPP交渉参加の真実——その政策過程の解明』文眞堂

日本のTPP交渉への参加に至る政策転換の背景について、TPP参加協議にも従事した著者が、実務経験を交えて明らかにしている。

林正徳・弦間正彦（2019）『「ポスト貿易自由化」時代の貿易ルール——WTOと「メガFTA」』農林統計出版

第2章（SPS協定と地域貿易協定）と第3章（TRIPS協定と地域貿易協定）で、TPP協定のSPS措置と地理的表示の規定について詳細に分析している。

第12章 日EU経済連携協定（日欧EPA）
—— 日本産が「カマンベール」を名乗ってもよいのか

🔑 **キーワード**

ソフト系チーズ／ハード系チーズ／パルメザン

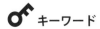 新聞記事で学ぶ：**日本産チーズに「カマンベール」という名称は使えなくなるの？**

　農水省は［2017年12月］15日、日欧経済連携協定（EPA）の地理的表示（GI）の最終合意内容を公表した。日本が保護を求められるのは欧州の71産品で、日本産チーズには「ゴルゴンゾーラ」などの名称が利用できなくなる。一方、名称が一般化しているものは今後も利用できる例外措置も設け、「モッツァレラ」「カマンベール」「チェダー」は引き続き利用できる。日本の流通実態に一定程度配慮した合意内容となった。

　農水省は7月の大枠合意後の関係者の意見や専門家審査を踏まえ、欧州産品の保護を最終決定した。日本は欧州の71産品を、欧州は日本の48産品を、それぞれGIとして相互に保護する。

　保護範囲を産品以外にもインターネットや広告などに拡大。またGI保護前から使われている名称の使用を認める「先使用」のルールは、ブランドただ乗りを防ぐため、発効から7年後は禁止する。政府は、一連の見直しに必要なGI法改正に向けた手続きを進める。

　「パルメザン」は、保護対象外で決着。イタリアのチーズ「パルミジ

ャーノ・レッジャーノ」の英語名で本来は保護対象だが、日本国内に同名の粉チーズが多く流通し、消費者は別物と認識していると判断した。
　保護する日本産品には7月以降の登録を踏まえ「宮崎牛」「鹿児島黒牛」など17産品を追加した。協定では、国際水準より高い保護ルールを採用し「○○風」の表現や「オーストラリア産但馬牛」など産地を付けた場合でも登録産地以外はGIを使えない。

出所：日本農業新聞（2017年12月16日）「GI保護最終合意」から引用。［　］内は筆者による注。

本章で学ぶこと

　2019年2月に発効した日欧EPAでは、日本は農産品の関税ではTPP協定とほぼ同様の約束をする一方で、地理的表示に関しては、WTOのTRIPS協定を超える保護が盛り込まれた。これによって、日本産のチーズに使用できる名称が制限されるのだろうか。本章では、地理的表示を含む日欧EPAの内容や影響について学ぶ。

1　日欧EPA交渉の経過

　日本とEUとのEPAである日欧EPAは、2013年3月に交渉開始に合意し、同年4月から2017年4月にかけて18回の交渉会合が行われた。この結果、2017年7月に大枠合意に達し、同年12月に最終的に合意した上で、2018年7月に協定に署名した。その後協定は、日本とEUでの議会承認をへて、2019年2月1日に発効した。日欧EPAは、「EU、アメリカ、中国、日本のうち2つ以上が参加する」という要件を満たし、発効に至った最初のメガFTA（→第9章）である。日欧EPAは、日本からの度重なる要請を受けて開始された。2007年5月に日本政府が策定した「EPA交渉に関する工程表」で、「米国・EUを含め、大市場国、投資先国等については、（中略）将来の課題として検討していく」と明記されたのが最初で、2011年9月には野田首相が、日中韓FTAとともに

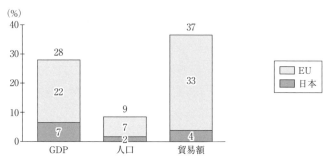

図12-1 日本とEUの対世界割合（2016年）

資料：外務省「日EU経済情勢」（2017年7月）をもとに筆者作成

「日EU（EPA）の早期交渉開始を目指す」と表明した。

その背景には、2011年に発効した韓国とのFTAで、EUは乗用車に対する10％の関税撤廃を約束し、EU市場への輸出で不利になるとの日本の経済界の懸念もあった。こうした不利性を解消すべく、日本はEUに対して2008年頃から非公式にEPA交渉の開始を打診したが、関税撤廃による日本車の流入を警戒するEU加盟国の反対もあって難航した（章末のコラムを参照）。その後、日本のTPP交渉への参加が濃厚となり、他のTPP参加国と比べて日本市場への輸出が不利になることを恐れたEU側が態度を軟化させ、交渉開始に至った。このように、日欧EPAの交渉開始にも、日本のTPP参加に伴うドミノ効果（→第9章）が作用している面がある。

2　参加国の貿易概況

図12-1に示したように、日本とEUは、世界のGDPの28％、人口の9％、貿易額の37％を占めている。このように、日EUが世界の人口に占める割合は相対的に少ないものの、所得水準が高く経済規模が大きい国同士であることを反映して、GDPや貿易額では世界の約3割を占めている。このため、経済や貿易の観点からは、日欧EPAはTPP協定に匹敵する規模のメガFTAといえる。

次に、日本のEUとの貿易額の内訳を図12-2に示した。日本のEUへの輸出額は8兆円で、これは日本の輸出総額の11％を占める。品目別では、自動車

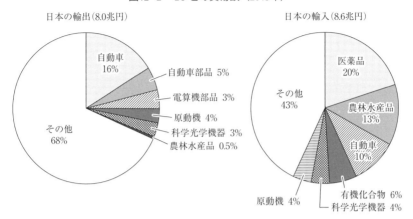

図12-2　EUとの貿易額（2015年）

日本の輸出（8.0兆円）

日本の輸入（8.6兆円）

資料：農林水産省「我が国とEUとの農林水産品貿易」（2017年）をもとに筆者作成

図12-3　EUとの農林水産品の貿易額（2015年）

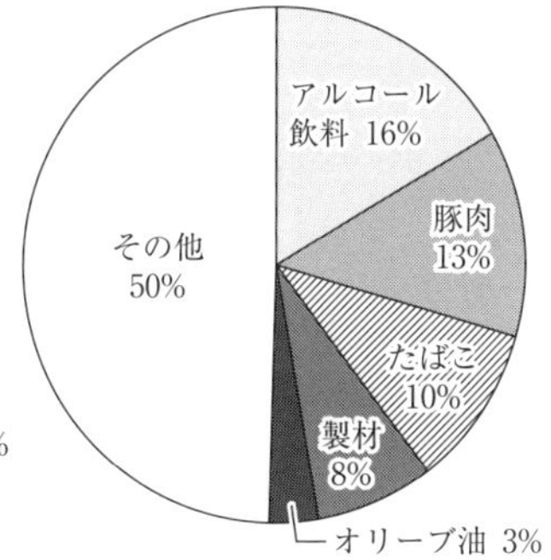

日本の輸出（400億円）

日本の輸入（1.1兆円）

資料：農林水産省「我が国とEUとの農林水産品貿易」（2017年）をもとに筆者作成

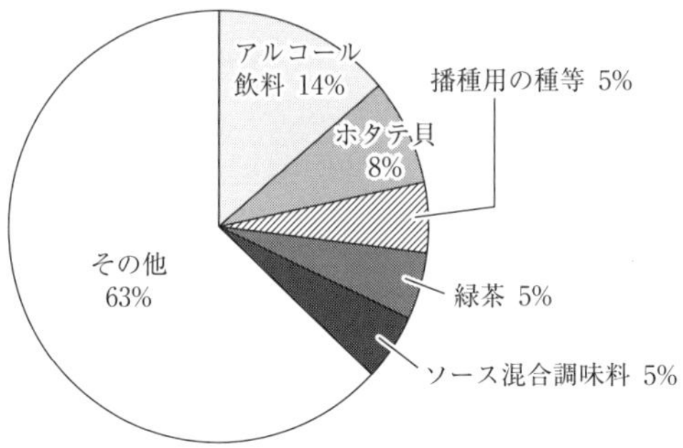

や自動車部品の割合が大きい一方で、農林水産品の割合は全体の0.5%に過ぎない。これに対して、日本のEUからの輸入額は8.6兆円で、日本の輸入総額の11%を占める。品目別に見ると、医薬品が20%と最大で、農林水産品の占める割合は13%と、TPP協定やTPP11協定よりは小さい。

さらに、EUとの農林水産品の貿易額の内訳を図12-3に示した。日本のEUに対する輸出額は400億円で、日本酒を中心とするアルコール飲料、ホタテ貝

等が多い。これに対して、日本のEUからの輸入額は1兆975億円と輸出額の27倍もあり、ワインを中心とするアルコール飲料、豚肉、たばこ等の割合が大きい。このように、日本のEUからの輸入額に占める農林水産品の割合は小さくはないものの、主な輸入品のうち重要品目（→第5章）は豚肉のみであることから、TPP協定と比べて日本農業への影響は小さいと理解され、日本国内での関心も薄かった。他方で、EUの農産品の中で対外輸出額が最大なのはワインを除けばチーズであり、日欧EPA交渉でEU側はその関税撤廃を重視したことから、日本側のチーズの関税が争点となった。

3 日欧EPAの概要

日欧EPAの本体は全23章からなる。その構成は、物品貿易に関する章、サービス貿易に関する章、ルールに関する章、日欧間の協力に関する章、協定の運用に関する章に大別される。以下では、日本の食料と農業に特に関係が深い分野として、日欧EPA第2章の物品貿易（関税）、第6章の衛生植物検疫措置、第14章の知的財産のうち地理的表示の3つの分野に絞って、協定の概要を紹介する。

日本の農産品関税

農産品を含む物品の関税については、基本的なルールが第2章の物品貿易で規定され、品目ごとの関税率はそれに付属する譲許表に記載されている。日欧EPAにおける双方の分野別の関税撤廃率は、図12-4に示したとおりである。日本側の関税撤廃率は、全品目で94％、農林水産品で82％であり、TPP協定とほぼ同様となっている。他方でEU側の関税撤廃率は、全品目で99％、農林水産品で98％であり、日本より大幅に高くなっている。

また、表12-1に示したように、農産品の約束内容もTPP協定と同一のものが多い。これは、日欧EPAとTPP11協定の交渉がほぼ同時に行われたことが大きい。まずEUにとっては、日欧EPAの交渉が佳境に入ったのは2015年10月のTPP交渉の妥結後であり、豚肉や乳製品等の輸出をめぐって競合する

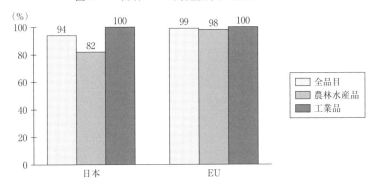

図12-4 日欧EPAの関税撤廃率（品目数ベース）

資料：農林水産省「日EU・EPAにおける農林水産物の関税交渉の結果概要」（2017年11月）他をもとに筆者作成

表12-1 日本の農産品の約束内容

品目		TPP協定	日欧EPA
米		国別枠の設定	除外
小麦		国別枠の設定	EU枠の設定
牛肉		16年目に9％へ関税削減	16年目に9％へ関税削減
豚肉		差額関税制度は維持した上で、従量税を削減し、従価税を撤廃	差額関税制度は維持した上で、従量税を削減し、従価税を撤廃
乳製品	バター等	TPP枠の設定	EU枠の設定
	チーズ	ハード系：関税撤廃 ソフト系：関税維持	ハード系：関税撤廃 ソフト系：EU枠の設定
砂糖	加糖調製品	TPP枠の設定	EU枠の設定
	チョコレート菓子	TPP枠の設定	11年目に関税撤廃

注：日欧EPAの太字はTPP協定と異なる約束を表す。

　TPP参加国と同水準の譲歩を得ることが必要だった。他方で、TPP11協定の参加国との関係では、仮に日本が2017年7月に大枠合意した日欧EPAでTPP協定以上に譲歩すれば、カナダやオーストラリア等の農産物輸出国は、その時点で進行中のTPP11交渉でTPP協定の見直しを求めかねず、そうした事態を避ける必要があった。これらを両立する方策は、日欧EPAの約束内容を既に合意済みのTPP協定に揃えることだった。

　他方で、EUの輸出関心品目はTPP参加国と異なるため、約束内容は品目

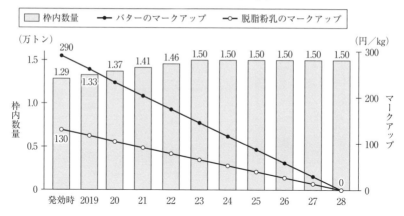

図12-5 乳製品のEU枠の推移

資料：農林水産省「日EU・EPA大枠合意における農林水産物の概要①（EUからの輸入）」（2017年11月）をもとに筆者作成

ごとに違いもある。まず米については、国別枠（→第11章）を設けたTPP協定とは異なり、日欧EPAでは一切の約束から除外された。これは、米は日本にとって政治的に追加的な自由化が困難なのに対して、EUにとっては輸出関心品目ではないことによる。他方で、砂糖を多く用いるチョコレート菓子については、TPP協定ではTPP枠（→第11章）の設定にとどめたものの、日欧EPAでは段階的な関税撤廃を受け入れた。また、他の重要品目に関しては、小麦ではEU枠の設定、牛肉や豚肉では関税の大幅な削減とセーフガード（→第11章）の組み合わせという約束内容は基本的にTPPと同じであるものの、前者の枠内数量や後者のセーフガードの発動基準数量は、当然TPP協定とは異なっている。

さらに、EU側の輸出関心品目の乳製品では、TPP協定との違いはより複雑である。まず、脱脂粉乳やバターの約束はTPP協定と同様で、EU加盟国に対するEU枠を設定した。図12-5に示したように、バターと脱脂粉乳と合わせたEU枠の数量は、協定発効時には1.29万トンで、6年目（2023年）には1.5万トンに拡大する。EU枠の枠内税率に関しては、WTO枠に課されているマークアップ（→第5章）を撤廃し、その削減方法は図11-10に示したTPP協定と同様となっている。また、チェダー、ゴーダ等のハード系チーズの関税に

表12-2　ソフト系チーズの約束内容

チーズの種類		関税率	TPP 協定	日欧 EPA
ナチュラルチーズ	クリームチーズ（乳脂肪45％以上）	29.8%	関税削減	EU 枠を設定し、枠内税率を段階的に撤廃
	ブルーチーズ			
	モッツァレラ等		関税維持	
	熟成チーズのうち、ソフトチーズ（カマンベール等）			
ナチュラルチーズを加工したチーズ	シュレッドチーズ	22.4%	関税撤廃	
	おろし及び粉チーズ（プロセスチーズ）	40.0%		
	プロセスチーズ		関税割当	

資料：農林水産省「日 EU・EPA 大枠合意における農林水産物の概要①（EU からの輸入）」（2017年11月）をもとに筆者作成

ついても、TPP 協定と同様に16年目（2033年）に撤廃する。なお、日本の約束の実施は年度単位であり、協定発効日の2019年2月1日から3月31日までが1年目、2019年4月1日からが2年目となる。

これに対して、EU にとっての最大の輸出関心品目であるソフト系チーズでは、日本は一部の品目で TPP 協定を上回る譲歩をした。表12-2 には、TPP 協定と日欧 EPA におけるソフト系チーズの約束内容の比較を示した。TPP 協定では、ナチュラルチーズのうちクリームチーズやブルーチーズは関税削減にとどめる一方で、モッツァレラやカマンベールのようなナチュラルチーズの関税は維持した。これに対して日欧 EPA では、ソフト系チーズを一括して EU 枠を設定し、枠内税率を段階的に撤廃することとした。

図12-6 には、日欧 EPA におけるソフト系チーズに関する EU 枠の推移を示した。まず、枠内数量に関しては、協定発効時に2016年の EU からのソフト系チーズの輸入量にほぼ匹敵する2万トンの EU 枠を設定し、その数量を協定発効から16年目（2033年）に3.1万トンまで拡大する。また、品目ごとに異なる枠内税率については、協定発効から段階的に削減し、16年目に撤廃する。

EU の農産品関税

日本の農産品の輸出拡大の観点からは、EU 側の関税撤廃の状況も見る必要

図12-6 ソフト系チーズのEU枠の推移

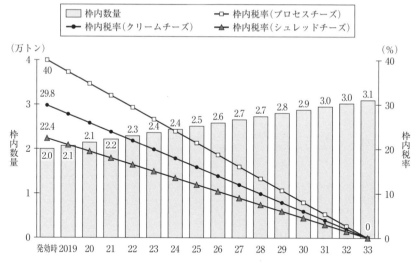

資料：農林水産省「日EU・EPA大枠合意における農林水産物の概要①（EUからの輸入）」
（2017年11月）をもとに筆者作成

がある。EUへの輸出を拡大する品目として日本政府は、水産物（ほたて貝、ぶり）、牛肉、調味料、日本特有の食材（ゆず等）、米、緑茶、アルコール飲料、花きを指定している。表12-3に示したように、このうち日本からの輸出実績がある大半の品目で、EU側の関税は協定発効と同時に撤廃される。ただし水産物のうち、2016年の輸出実績が35億円と水産物輸出額の約半分を占めるホタテ貝の関税は、協定発効から8年目に撤廃される。他方で、米については、日本側が関税撤廃から除外したため、EU側も同様の扱いとなった。

衛生植物検疫措置

日欧EPAにおけるSPS章の特徴は、TPP協定と対比するとより明確になる。表12-4には、TPP協定と日欧EPAのSPS章の項目を比較した。形式面では、日欧EPAのSPS章はTPP協定と共通点が多い。まずSPS章の条数は、TPP協定が18条なのに対して日欧EPAは16条とやや少ないものの、表12-4を見るとそれは主に括り方の違いによるもので、項目名や対象範囲はよく似て

表12-3　EU側の関税撤廃品目

品目	現行関税率	2016年の輸出金額（億円）
水産物	無税〜26％（なまこ調製品等）	76
醤油等調味料	7.7％（醤油）	57
アルコール飲料	無税〜32ユーロ/100ℓ	53
緑茶	無税〜3.2％	23
牛肉	12.8％＋141.4〜304.1ユーロ/100kg	12
花き	6.5％又は8.3％（植木・盆栽・鉢もの） 8.5又は10％（切り花）	7
林産物	無税〜10％（木材・木材製品）	5.3
青果物	12.8％（かんきつ（ゆず等）） 9.5ユーロ/100kg（ながいも）	0.4

資料：農林水産省「日EU・EPA大枠合意における農林水産物の概要②（EUへの輸出）」（2017年11月）をもとに筆者作成

表12-4　TPP協定と日欧EPAのSPS章の比較

項目	TPP協定	日欧EPA	項目	TPP協定	日欧EPA
定義	7.1条	6.3条	輸入検査	7.11条	6.7条
目的	7.2条	6.1条	証明	7.12条	
適用範囲	7.3条	6.2条	施設のリスト化		6.9条
SPS協定との関係	7.4条	6.4条	透明性	7.13条	6.11条
委員会	7.5条	6.15条	情報の交換	7.16条	
連絡先	7.6条	6.5条	緊急措置	7.14条	6.13条
地域主義	7.7条	6.10条	協力	7.15条	
措置の同等	7.8条	6.14条	技術的協議	7.17条	6.12条
危険性評価	7.9条	6.6条	紛争解決	7.18条	6.16条
監査	7.10条	6.8条			

いることがわかる。また、SPS章の目的で、「貿易への悪影響を最小限にしつつ、人や動植物の生命・健康を保護すること」（6.1条）を挙げている点も、TPP協定と共通している。さらに、SPS協定に基づく権利や義務を確認した上で、SPS章がSPS協定上の参加国の権利・義務に影響しない旨の規定（6.4条）も、TPP協定と類似している。

しかし、各項目の内容面では両者には大きな違いがある。例えば、SPS章

の目的に関して、TPP協定では「SPS協定の強化・拡充」(7.2条(b))が含まれ、SPS協定の変更が意図されているのに対し、日欧EPAでは「SPS協定の実施に関する協力の促進」(6.1条(b))が明記され、SPS協定の維持が前提とされている。またTPP協定では、この目的を踏まえて、SPS協定上のルールに実質的な変更を加える規定が含まれているのに対し、日欧EPAにそうした規定はなく、SPS協定を超えるのは手続の詳細化に限られている。さらに、手続きの詳細化に関する規定でも、TPP協定では、透明性や技術的協議の項目を中心に、輸入国側の対応に関して詳細な期限を設定しているのに対して、日欧EPAではそうした規定はほとんどない。

このように、日欧EPAのSPS章は実質的なルールに関してSPS協定を超える規定が乏しく、またTPP協定のSPS章のように相互に矛盾しかねない規定も見当たらない。日本政府も日欧EPAのSPS章に関して、「日本の制度変更が必要となる規定は設けられておらず、日本の食品の安全が脅かされることはない」と説明している。この表現はTPP協定のそれと同じだが、協定の内容は大きく異なることから、日本の制度への影響は同じとはいえない。こうしたTPP協定と日欧EPAの相違の一因には、TPP協定は輸入国のSPS措置(→第7章)を貿易障壁と見なしがちなアメリカ等の農産物輸出国の利害をより強く反映しているのに対し、食品安全への消費者の関心が高いEUとのEPAでは、輸入側の利害も考慮されているという面がある。

地理的表示

地理的表示(→第8章)に関しては、TPP協定とは対照的に、独自の制度で相互に名称を保護する規定が設けられた。具体的には、農産品に対して第8章で説明した追加的保護を原則的に適用し、翻訳名称や「〜種、〜タイプ、〜スタイル」といった限定表現を伴う場合も使用禁止とした。他方で、複合語の一部が普通名称の場合(カマンベール等)や、翻訳名称の「パルメザン」は、この例外として使用可能とした。こうした基準をもとに、地理的表示保護の対象となる産品リストを交換し、協定発効に伴って、日本はEUの71産品、EUは日本の48産品を保護することとした。なお、本来は保護の対象となるが、相手

表12-5　保護対象となるチーズの名称例

日本産品への使用		名称の例
不可	協定発効時	カマンベール・ド・ノルマンディ エメンタール・ド・サヴォワ フェタ ゴルゴンゾーラ
	協定発効後 7年目以降	ロックフォール パルミジャーノ・レッジャーノ モッツァレッラ・ディ・ブファーラ・カンパーナ ゴーダ・ホラント ブルー/ホワイト・スティルトン・チーズ
可		カマンベール エメンタール パルメザン モッツァレッラ ゴーダ

資料：農林水産省「日EU・EPA（GI分野）の概要」（2017年12月）をもとに筆者作成

側で以前から使用されていた同一・類似名称（先使用）については、協定発効後7年後に使用が禁止されることになった。

表12-5には、保護の対象となるEU側の産品が最も多いチーズを例に、日欧EPAにおける地理的表示保護の3つの類型を示した。第1は、協定発効の当初から保護される名称で、イタリアの「ゴルゴンゾーラ」等が該当する。この名称は、真正の産地しか使用できず、「北海道産ゴルゴンゾーラ」といった表示も禁止される。第2は、日本で既に使用されていることに配慮し、協定発効から7年間の経過期間を経た後に使用が禁止される名称で、フランスの「ロックフォール」等が該当する。第3は、真正品との誤解を生じない限り自由に使える名称で、「カマンベール」や「エメンタール」等が該当する。これらの名称は、EUでも普通名称とされている等の理由から、日欧EPAでも保護の対象とはならなかった。

4　日欧EPAの影響と対策

日欧EPAの影響に関しては、日本政府による経済効果の試算結果を図

図12-7　日欧 EPA による日本の GDP 増加額

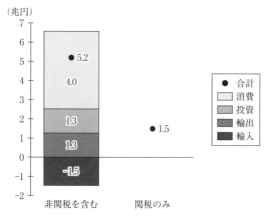

資料：内閣官房「日 EU・EPA 等の経済効果分析」（2017年12月）
をもとに筆者作成

12-7に示した。まず、関税率の削減に加えて貿易円滑化や非関税障壁の削減も加味した試算によれば、輸出入の拡大、生産性の上昇、所得の増加を通じて、日本の GDP は5.2兆円（0.99％）増加すると見込まれる。その内訳は、消費、投資、輸出の増加による増加額が、それぞれ4.0兆円（0.77％）、1.3兆円（0.24％）、1.3兆円（0.24％）なのに対して、輸入の増加による減少額が1.5兆円（0.28％）となっている。他方で、関税の削減のみを対象とした試算では、内訳は示されていないものの、GDP の増加額は1.5兆円（0.29％）へと低下する。ここで、関税削減の経済効果はあまり大きくはないという点は、前章の TPP 協定に関する試算と同様である。

次に、日本政府による日欧 EPA の農林水産業への影響試算を図12-8に示した。まず、関税撤廃の例外を含む合意内容と下記の国内対策を反映した試算では、日本の農林水産物の生産額は、最大で約2％に相当する1,125億円、最小で約1％に相当する614億円減少するものの、生産量は維持され食料自給率も変わらないと見込まれた。品目別では、構造用集成材を含む林産物が最大で、その他には豚肉、牛肉、乳製品といった畜産物の生産減少額が大きいと見込まれている。

日欧 EPA の大枠合意を受けて、日本政府は2017年11月、その2年前に策定

図12-8　日欧EPAによる農林水産物の生産減少額

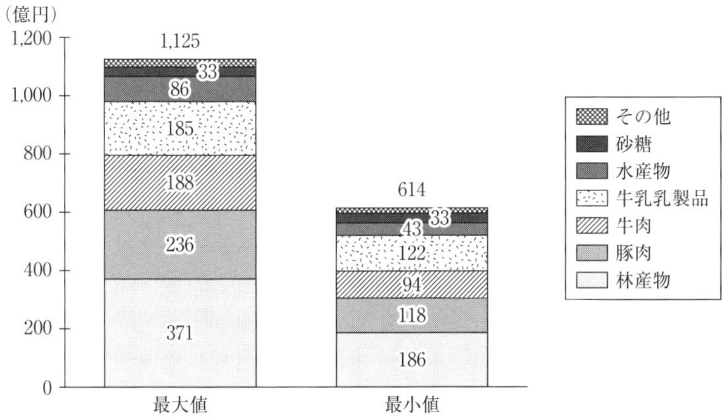

（億円）

最大値：1,125（その他33、砂糖86、水産物185、牛乳乳製品188、牛肉236、豚肉371）

最小値：614（その他33、砂糖43、水産物122、牛乳乳製品94、牛肉118、豚肉186）

凡例：その他／砂糖／水産物／牛乳乳製品／牛肉／豚肉／林産物

資料：農林水産省「農林水産物の生産額への影響について（日EU・EPA）」（2017年12月）をもとに筆者作成

した「総合的なTPP関連政策大綱」をベースとして、日欧EPAにより必要となる施策等を新たに盛り込んだ「総合的なTPP等関連政策大綱」を決定した。日欧EPAを踏まえた農林水産分野の対策としては、国産チーズや構造用集成材といった木材製品の競争力を高めるための施策等が追加されている。なお、国内対策の予算額については、2017年度以降は図11-14で示したTPP等対策費に日欧EPAへの対策も含まれている。

5　今後の展望

　日欧EPAの関税分野では、2つの再協議規定が設けられている。第1は、関税を撤廃しない品目の約束の見直しである（2.8条3項）。具体的には、日本は、牛肉、豚肉、乳製品、でん粉、砂糖の一部、EUはホタテ等の一部水産物、ココア粉や穀物調製品、コーヒー調製品、アイスクリームの一部について、協定発効5年目又は日EUが合意する年のいずれか早い方に、関税削減の加速等の見直しを行うことが規定されている。第2は、第三国とのFTAを念頭においた約束の見直しである（2.8条4項）。具体的には、日本又はEUが第三国との協定で日欧EPAよりも有利な待遇を与えた場合に、第三国と同等の特恵の

> **Column ❸　日本との EPA に抵抗した EU との協議**
>
> 　筆者（作山）が農水省で EU との協議を担当していたのは、2007年から2009年までである。このため、2013年に始まった日欧 EPA 交渉には関与していない。しかし交渉開始の前から、日本が EPA を要請し、EU 側が拒否するという時期が長く続いていた。本章の冒頭で触れた EU 韓国 FTA の発効は2011年であるが、交渉は2007年に始まっていた。このため、韓国との FTA で EU が自動車の関税を撤廃すれば、EU への自動車輸出で競合する日本が不利になるとの懸念は早くからあった。
>
> 　筆者の印象に残るのは、2009年の日 EU 定期首脳協議に出席する麻生太郎首相の随行団の一員として、チェコのプラハに出張した際の EU との事務レベル協議である。それまで EU との EPA に反対していた農水省は、2008年末に容認に転じていた。これを受けて、EPA の交渉開始を迫る日本側に対し、EU 側は加盟国の賛同が得られないとして消極姿勢に終始した。自動車メーカーを抱えるドイツやフランス等が反対していたようだ。農水省は関税の「守り」を強いられることが多く、筆者が「攻め」の交渉に参加したのは、後にも先もこの時だけである。

確保を目的として、その協定の発行日から3カ月以内に見直しを開始し、6カ月以内に結論を得ることが規定されている。

6　おわりに

　日欧 EPA は、参加国の経済規模は TPP 協定に匹敵し、発効に至った最初のメガ FTA である。他方で、農産物の貿易に関しては、EU からの重要5品目の輸入は主に豚肉が中心で、米の輸入もないことから、日本国内での関心は必ずしも高くなかった。また日欧 EPA は、韓国が EU と締結した FTA による不利性の回復を目指して、日本の強い要請で開始されたという特徴もある。このため、当初は日本との EPA に消極的な EU は、交渉開始に様々な条件を付けており、その一つが独自の地理的表示制度の創設であった。もちろん、日本国内でも独自の地理的表示制度の創設に向けた動きは2010年頃からあったものの、その進展は必ずしも順調とはいえず、EU との EPA が日本での制度創設を後押しした面は否定できない。

本章のまとめ

1. EUは、以前は日本とのEPAには消極的だったものの、日本のTPP参加によるドミノ効果もあって、2013年に交渉開始に合意した。
2. 日本とEUは世界のGDPや貿易額の約3割を占め、2019年2月に発効した日欧EPAは、発効に至った最初のメガFTAとなった。
3. 関税分野では、日本は農林水産品の82％で関税を撤廃し、米や乳製品以外では、TPP協定と概ね同様の貿易自由化を約束した。
4. 地理的表示分野では、農産品にも追加的保護を適用し、リストに掲載された産品を相互に保護することを約束した。
5. 日欧EPAの関税撤廃で、日本の農林水産物の生産額は最大で約1,100億円減少すると見込まれ、2017年度から対策が実施されている。

キーワード解説

ソフト系チーズ：水分が多く柔らかいチーズで、モッツァレラ等のフレッシュタイプ、カマンベール等の白カビタイプ、ゴルゴンゾーラ等の青カビタイプ等がある。

ハード系チーズ：水分が少なく硬いチーズで、ゴーダ等のセミハードタイプとパルメザン等のハードタイプがある。

パルメザン：イタリア産チーズの「パルミジャーノ・レッジャーノ」の英語名で、EUでは地理的表示の保護対象だが、日欧EPAでは例外とされた。

考えてみよう

1. 冒頭の新聞記事や表12-5に関連して、日欧EPAで日本産チーズに「カマンベール」という名称は使用できるのに対し、「ゴルゴンゾーラ」という名称は使用できない理由について、普通名称という用語を手がかりに考えてみよう。
2. 表12-1に関連して、日本に対するEUの輸出品はTPP参加国とは異なるにもかかわらず、日本の日欧EPAでの約束内容がTPP協定と概ね一致している理由について考えてみよう。

さらに学びたい人のために

農林中金総合研究所編『日EU・EPAの合意内容と日本農業への影響』（2018年3月）
　日欧EPAの関税分野の合意が日本の農林水産品に与える影響について、豊富なデータや図表をまじえて品目別に解説している。

林正徳・弦間正彦（2019）『「ポスト貿易自由化」時代の貿易ルール──WTOと「メガFTA」』農林統計出版
　第2章（SPS協定と地域貿易協定）と第3章（TRIPS協定と地域貿易協定）で、日欧EPAのSPS措置と地理的表示の規定について詳細に分析している。

第13章 メガ FTA 時代の日本の食と農
──私たちはどう対応すべきか

本章で学ぶこと

2018年から2019年にかけて、日本が参加する TPP11協定と日欧 EPA が相次いで発効し、日本は本格的なメガ FTA 時代を迎えた。本章では、こうした新たな国際環境の下にある日本の食料と農業に関して、日本政府、生産者、消費者がどのように対応すべきなのかを考える。

1 メガ FTA 時代の到来

　日本が参加するメガ FTA（→第9章）は、図13-1に示したように、2018年から2019年にかけて大きく進展した。まず2018年12月には、アメリカの離脱でメガ FTA ではなくなったものの、自由化水準は TPP 協定を維持した TPP11協定が発効した。また、日欧 EPA も2019年2月に発効した。これによって、即時撤廃を約束した品目の関税は発効と同時にゼロとなり、段階的な関税撤廃や削減を約束した品目では、発効時に1回目の削減が適用され、2回目以降は毎年4月に削減される。さらに2019年4月には、TPP 協定から離脱したアメリカとの TAG 交渉が始まり、難航している RCEP 交渉も正念場を迎えている。このように、前例のない農産品の関税撤廃を約束した TPP11協定と日欧 EPA の発効によって、日本は本格的なメガ FTA 時代を迎えた。

　ただし、TPP11協定や日欧 EPA における重要品目（→第5章）の自由化は、関税削減や関税割当枠の拡大に10年以上の長期間をかけ、輸入急増時には関税

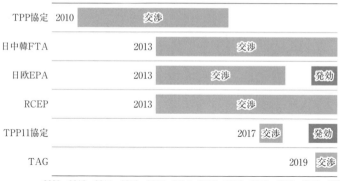

図13-1 メガFTAの進捗状況

注:TPP11協定は第9章で示したメガFTAの定義を満たしていないが、便宜的に含めた。

率を引き上げるセーフガード(→第11章)も適用される品目も多いことから、国内農業に影響が出るのは先と考えられる。このように貿易自由化の漸進的な実施は、第1章で紹介した比較生産費説の前提とも符号している。つまり貿易利益は、比較劣位産業から比較優位産業への生産要素の移動が前提だが、それは少なくとも短期的には成立しないため、自由化の影響が大きな品目ほど生産者に対応する時間を与えるため、長い移行期間が設けられている。他方で、いずれ自由化の影響が出るのは確かであり、今後はTAGやRCEP等の発効もありうる。このため以下では、日本の食料と農業に関して、日本政府、生産者、消費者がとるべき対応について考える。

2 政府の対応

メガFTAへの日本政府の対応を考える上では、GATT/WTOとFTAでは関税と補助金の扱いが大きく異なることに留意する必要がある。つまり、関税に関しては、GATTにおける累次のラウンドで徐々に削減されてきたのに対し、FTAではGATT24条の要件を満たすために、多くの品目で撤廃が求められる。他方で、補助金に関しては、WTOでは削減対象となる農業補助金の区

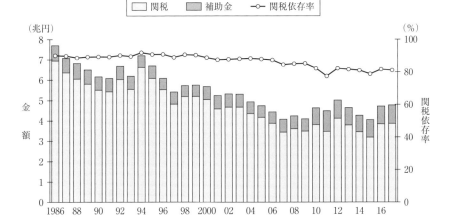

図13-2 日本の農業保護額の内訳の推移

資料：OECD「Producer and Consumer Support Estimates database」（2018年6月）をもとに筆者作成

分や上限等が設けられているのに対し、FTAでは農業補助金に対する規律はほとんどない。つまり農業分野では、関税に加えて補助金にも規律を拡大するのがGATT/WTOの流れだったのに対し、関税に厳しく補助金に甘いFTAの隆盛は、これを反転させるものである。このため、農業の保護には、関税ではなく補助金を用いることが考えられる。

　この点を検討するために、図13-2には、日本の農業保護額の内訳の推移を示した。農業への保護は、関税と補助金に大別される。関税で輸入品の価格は上昇することから、その保護額は、課税前の輸入価格と課税後の国内価格との差である内外価格差に国内生産量をかけ合わせることで求められる。他方で、補助金による保護の代表例は直接支払いで、政府から農業者に対する支給額が補助金の額となる。これによると、日本の農業保護の総額は、1980年代半ばの7兆円台から2010年代の半ばには4兆円台へと減少した。しかし、農業保護額に占める関税による保護の割合である関税依存率は依然として8割以上で、あまり変化していない。

　次に図13-3には、日本の関税保護額に関して、品目別内訳の推移を示した。これによれば、日本の関税による農業保護額には、米が大きく寄与している。

図13-3　日本の関税保護額の品目別内訳の推移

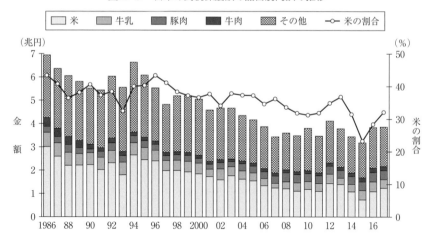

資料：OECD「Producer and Consumer Support Estimates database」（2018年6月）をもとに筆者作成

　関税保護の総額に占める米の割合は、1980年代半ばの4割台から低下しているものの、2010年代半ばでも依然として3割近くを占めている。その他の品目では、牛乳、豚肉、牛肉の占める割合が相対的に大きくなっている。このように、日本がGATT/WTOやEPAの交渉において、重要品目の関税の維持に腐心してきたのは、単にそれらの関税率が形式的に高いというだけでなく、国内農業を実質的に保護する上で関税に大きく依存しているからである。

　では、他の先進国における農業保護の構造は日本と違うのだろうか。図13-4には、日本を含む7カ国について、農業保護額に占める関税と補助金の内訳を示した。なお、ここでは2015～2017年の3カ年平均を2016年の値とした。これによれば、農業保護額に占める関税の割合は、韓国では9割、日本では8割と極めて高いのに対し、アメリカやEUは2割台と低くなっている。特に、第6章で紹介したWTOドーハ・ラウンドにおいて、日本とともにG10を主導してきたスイスでも、農業保護額に占める関税保護の割合は半分程度に過ぎない。さらにオーストラリアに至っては、関税による保護は皆無となっている。つまり、農業保護の大半を関税に依存している日本は、先進国の中では異例といえる。

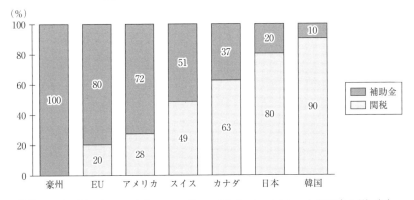

図13-4 農業保護額の内訳の比較（2016年）

資料：OECD「Producer and Consumer Support Estimates database」（2018年6月）をもとに筆者作成

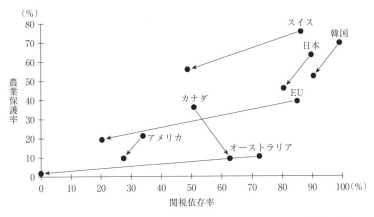

図13-5 農業保護率と関税依存率の変化（1987年と2016年の比較）

資料：OECD「Producer and Consumer Support Estimates database」（2018年6月）をもとに筆者作成

　さらに図13-5には、農業保護率を縦軸に、関税依存率を横軸にとった上で、同じ7カ国について過去30年間の変化を示した。ここで農業保護率とは、農業生産額に対する農業保護額の割合であり、関税依存率とともに、1986〜1988年の3カ年平均を1987年、2015〜2017年の3カ年平均を2016年の値とした。これを見ると、関税依存率が大きく低下したEUやスイスでも、1980年代半ばの時

点ではその水準は日本とほぼ同じだったことがわかる。つまり、多くの欧米諸国は、農業に対する一定の保護水準を維持する一方で、農業保護の手段を関税から補助金に転換してきた。このように、農業を保護する上で関税による保護への依存度が低いため、貿易交渉における農産品の関税撤廃や削減に、日本ほどの困難が伴わない面がある。

欧米諸国の経験を踏まえると、メガFTA時代への対応には、農業保護の手段を関税から補助金に転換することが有効である。その際には図4-9で見たように、WTO農業協定上の黄の政策（→第3章）の上限は4兆円なのに対して実績は約6,000億円に過ぎず、ドーハ・ラウンドの妥結も見込まれないことから、黄の政策を含めて現状から大幅に増やすことができる。他方で、こうした転換ができなかったのは、第5章で見たように、重要品目に対する補助金の財源を輸入品に対する関税やマークアップ（→第5章）等に依存してきたためである。したがって、更なる国境措置（→第5章）の撤廃が進む場合には、補助金の代替財源を確保する必要がある。日本政府はこの問題に長く目を背けてきたが、メガFTA時代の到来を迎えた今こそ、逃げずに取り組むべきであろう。

3 生産者の対応

次に、本格的なメガFTA時代を迎えて、生産者はどのように対応すべきかを考えてみたい。ただし、紙幅の制約もあって個別の地域や品目を取り上げることは難しいため、第1章で説明した貿易の基礎的な理論を踏まえた基本的な方向性について述べることにする。

第1に、農地の存在量が相対的に少ないという日本の与件を前提とすれば、土地を多く使う米や麦のような土地利用型（土地集約型）ではなく、労働や資本を多く使う土地節約型（労働・資本集約型）の農業に転換することである。そうした動きは以前から進んでいる。図13-6には、品目別の農業産出額の推移を示した。農業産出額の推移には、その品目の競争力だけでなく、関税の水準や需要の動向等も影響するが、長期的には土地節約型の畜産や野菜の生産額

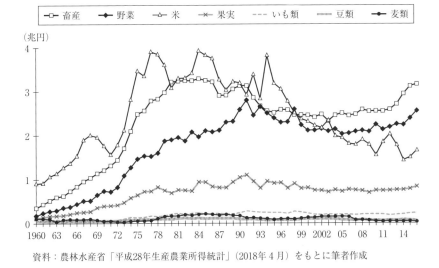

図13-6　日本の品目別農業産出額の推移

資料：農林水産省「平成28年生産農業所得統計」（2018年4月）をもとに筆者作成

が伸びる一方で、土地利用型の米の生産額は減少し、いも類、豆類、麦類の生産額も低迷している。特に図2-1でも見たように、野菜の関税率はほぼ10％以下と低く、そうした中でも生産額が増えていることは、国産品に十分な競争力があることを示している。

　また、土地利用型農業を含めて従来の品目を維持しつつも、品種の転換やブランド化等によって輸入品との差別化を図るという方策もある。例えば、1991年に関税化（→第3章）された牛肉では、輸入牛肉と品質面で競合する乳用種では、国内価格が低下して生産量も減少したのに対し、肉専用種の和牛では価格の低下は限定的で、生産量も維持された。また、以前は植物検疫上の理由で輸入が禁止されていたりんごやさくらんぼのように、アメリカ等からの輸入を解禁したものの、品質が高い国内産と外国産の棲み分けが定着し、国内の価格や生産量への影響が見られなかった例もある。第1章の**貿易利益**の説明では、国産品と輸入品の品質を同一と仮定しているものの、特に一次農産品ではそうした仮定は成立しない場合も多く、差別化の余地が残されている。

　他方で上記の主張は、**比較優位**（→第1章）を持たず競争力が乏しい土地利用型農業を見限って良いということではない。その典型例は米である。2015年

図13-7　日本の農産物の品目別輸出額の推移

資料：農林水産省「2018年の農林水産物・食品輸出額（速報値）品目別」（2019年2月）をもとに筆者作成

の時点でも、日本人の供給カロリーの約2割を占め、日本の農業経営体の約8割が生産しているという需給両面の重要性から、国境措置を含めて強く保護されてきたことは本書で説明したおりである。こうした主要な食料に関して一定の国内生産を維持することは、輸入に支障が生じた際の保険としての食料安全保障や、農業の多面的機能を維持する観点から正当化されうる。そこで問題となるのはその手段であり、メガFTA時代を迎えた今後も関税による保護が維持できれば良いが、そうでなければ前節で述べたように、補助金による保護への転換を検討する必要がある。

　第2は農産物の輸出である。FTAでは、日本だけでなく相手国の関税も撤廃されることから、それを活用して日本産農産物の輸出を伸ばすことが考えられる。図13-7には、日本の農産物の品目別輸出額の推移を示した。日本の農産物輸出額は2012年以降増加を続けているが、その大半はアルコール飲料や調味料のような加工食品で、一次農産品の割合は少ない。その中で、2018年の輸出額が100億円を超えるのは牛肉、緑茶、りんご等に限られ、これらの品目は、過去10年間で輸出額が急増しているだけでなく、多くの農地を必要としない土地節約型の農業という共通点がある。つまり日本はこうした品目には一定の比

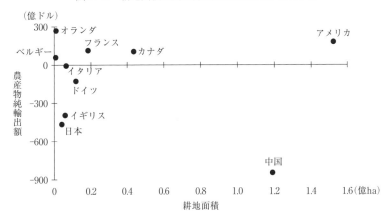

図13-8 耕地面積と農産物純輸出額の分布（2015年）

資料：総務省（2018）『世界の統計2018』、農林水産省（2017）『海外食料需給レポート2016』をもとに筆者作成

較優位があり、相手国の高関税が輸出の障壁になっている場合には、その撤廃で輸出が増える可能性もある。

この点で、GATTの創設前に関税同盟（→第9章）を締結していたオランダやベルギーの農産物輸出額が多いのは、偶然ではない。図13-8には、図1-2で見た世界の農産物輸入額上位10カ国について、耕地面積と農産物の純輸出額（輸出額－輸入額）の分布を示した。耕地面積が日本の約25％に過ぎないオランダは、純輸出額ではアメリカを上回っており、それが日本の約19％に過ぎないベルギーも、農産物の純輸出国となっている。特にオランダは、少ない農地でも高い収益をあげられる花き・野菜等の施設園芸や畜産を振興し、EUを中心に輸出している。このように、比較優位のある品目に特化したのは、累次のEU拡大に伴って新規加盟国から安い農産物が無税で輸入されるため、品目の転換や生産性の向上に努めたからである。

また、日本産農産物の輸出拡大に関しては、EPAにおける地理的表示（→第8章）の保護規定の活用が考えられる。第8章で取り上げたWTOのTRIPS協定では、地理的表示保護の実効性が十分に担保されていなかった。しかし、第12章で紹介した日欧EPAにおいては、日本とEUの間で相互に農産物の地理的表示を保護する規定が設けられた。このため、日本の地理的表示が保護さ

れるのは EU 加盟国に限られるものの、模倣品の取締りによって、日本産農産物の EU 市場での信頼性が確保されることが期待される。また、地理的表示の相互保護は必ずしも EPA の枠内で行う必要はなく、それ以外の二国間協定でも可能なことから、日本産農産物の模倣品が横行しているアジア諸国と相互保護が実現すれば、生産者にもメリットがあろう。

　他方で、メガ FTA への対策として農産物輸出を過大評価することもできない。まず、関税撤廃による貿易の自由化は、第 1 章で見たように、**比較優位産業の拡大と比較劣位産業の縮小**をもたらす。このため生産要素賦存説に基づけば、米のような土地利用型の作目の競争力低下は避けられない。また、第11章や第12章でも紹介したように、日本の EPA 締結相手国の農産物関税は既に総じて低く、関税撤廃が輸出拡大につながる品目は多くはない。さらに、日本からの農産物輸出の障害は、関税ではなく SPS 措置（→第 7 章）による場合が圧倒的で、それが EPA ですぐに解消するわけではない。このため、日本が潜在的に比較優位を持ち、農業者の所得の向上にもつながる品目を見定めた上で、輸出促進策を進めることが必要である。

4　消費者の対応

　最後に、メガ FTA に対する消費者の対応について考えてみる。メガ FTA の対象分野は多岐にわたるが、関税の撤廃や削減に着目すれば、消費者は最大の受益者である。第 1 章の**比較生産費説**の例では、貿易は消費量の増加という**貿易利益**をもたらすことを示した。それ以外にも、貿易の自由化について、輸入品の価格低下や種類の多様化といった利益もある。果物の例では、以前からのバナナやパイナップル等に加えて、最近ではキウイフルーツやアボカド等の輸入も増えており、これによって日本人は、国内ではほぼ生産されていない多種多様な果物を時期にかかわらず食べることができる。さらに果物に限らないが、何らかの理由で国内生産が減った場合に輸入を増やすことによって、国内価格の上昇を抑えることもできる。

　他方で、消費者が食料を購入する際には、品質や原産国等も考慮することか

ら、貿易自由化による輸入品価格の低下は、購入に影響する要素の一つに過ぎない。この点で、日本の消費者は国産品嗜好が強いとされる。図13-9には、果実について用途別供給元の内訳を示した。これによれば、生鮮用の6割が国産なのに対して、果汁等加工用の国産割合は1割に過ぎない。このように、用途別で国産割合が異なる一因として、生鮮品には小売り段階で原産地表示が義務づ

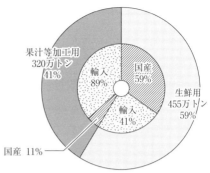

図13-9　果実の用途別供給元の内訳（2013年）

資料：農林水産省（2016）『平成27年度食料・農業・農村白書』をもとに筆者作成

けられているのに対し、加工品の果汁等ではそうした義務がないことが指摘できる。つまり、果実ジュースのような加工品の原材料は価格が重要であり、輸入品の方が総じて価格が安いことから、原産地表示がない加工品ほど輸入品が優位になる傾向がある。

　このように、従来は原料原産地の表示義務の対象は原則として果物や食肉のような生鮮食品のみで、加工食品は加工度の低い一部の食品のみが対象とされていた。しかし、第11章で紹介したTPP協定交渉の妥結を受けて、全ての加工食品に対する原料原産地の表示が導入されることになった。具体的には、全ての加工食品に関して、一番多い原材料の原産国か製造国を表示するというものである。この新たな原料原産地制度は2017年9月から開始されたが、2022年3月末までは食品メーカー等が準備をするための移行期間とされており、完全な適用は2022年4月以降となる。なお、原材料ではなく完成品として輸入された加工食品には、元々原産国名が表示されているため、この制度の対象外となっている。

　他方で、加工食品の原料原産地表示には困難が多いのも確かである。例えば、加工食品には様々な原材料が使われているため、一番多い原材料が国産でも、その製品が国産なわけではない。また、原材料の調達先も頻繁に変わりうるため、「国産又は輸入」といった表示も認められている。さらに、仮にチョコ

レートケーキの一番多い原材料であるチョコレートを国内で作った場合には、チョコレートケーキの原産地は「国内製造」と表示できるが、チョコレートの原料のカカオが国産なわけではない。加えて、原料原産地表示はレストラン等の外食には適用されない。このように一定の限界はあるものの、メガFTAによる価格低下は選択肢の拡大に過ぎず、原料原産地表示は国産を選びたい消費者に選択の余地を与える意義がある。

消費者の選択という観点では、メガFTAで保護が強化される地理的表示も、消費者の利益につながる。第12章で説明したように、本書の執筆時点で地理的表示の相互保護が規定されているのは日欧EPAのみであるが、その発効に伴ってEU産の農産物に便乗した名称使用が制限され、日本の消費者の選択を助けることになる。また、多くのEPAに盛り込まれているSPS章も、食品の安全確保という消費者の利益に関連が深く、その内容については、WTOは第7章、EPAは第11章や第12章で説明したとおりである。なお、特に農産品の自由化が焦点となるEPAをめぐっては、「危険な輸入食品が増える」といった主張も散見されるが、例えばTPP協定と日欧EPAでは規定の内容も大きく異なり、協定ごとの冷静な見極めが求められる。

本章のまとめ

1．2018年から2019年に前例のない農産品の関税撤廃を約束したTPP11協定と日欧EPAが発効し、日本は本格的なメガFTA時代を迎えた。
2．日本政府は、関税に大きく依存している農業保護の形態を、EPAでの規律が弱い補助金による保護に転換することを検討すべきである。
3．生産者は、日本が比較優位を持つ畜産や野菜等の土地節約型農業への転換、可能な農産物の輸出促進、地理的表示の活用を図るべきである。
4．メガFTAは消費者に輸入品の価格低下や選択肢の拡大をもたらす可能性があり、原料原産地表示や地理的表示を有効に活用すべきである。

さらに学びたい人のために

大泉一貫(2014)『希望の日本農業論』NHK出版
　日本農業の衰退の原因を稲作に偏重した戦後の農家保護政策に求めた上で、付加価値の高い「成熟先進国型農業」への転換を提言している。

本間正義(2014)『農業問題——TPP後、農政はこう変わる』筑摩書房
　刊行はTPP協定の合意前だが、TPP協定の実施後を見据えて、日本農業の弱点を指摘した上で、「攻めの農業」に向けた方策を提言している。

生源寺眞一(2011)『日本農業の真実』筑摩書房
　米の生産調整を中心とする最近の国内農業政策の変遷を批判的に検討した上で、日本農業の活路についての展望を示している。

索　引

アルファベット

AMS（Aggregate Measurement of Support）iv, 44-5, 58-60, 96-8

ASEAN（アセアン）（Association of South-East Asian Nations）iv, 142, 159-60, 162, 169, 171, 173

EPA（Economic Partnership Agreement）i-ii, iv, viii-ix, 70, 135-6, 147-9, 157-76, 178, 183, 186, 189-90, 193, 195-6, 199-202, 204-17, 220, 225-6, 228
　――利用率　157, 170-1, 174-5
　――利用額　157, 170-1, 175

FTA（Free Trade Agreement）i-ii, iv, viii-ix, 22, 29-30, 103-4, 122, 134-5, 137, 141-63, 167, 169, 173-4, 176-80, 196-9, 201-2, 213-9, 222, 224, 226, 228
　――カバー率　141, 146, 148-9, 155, 169

G10（Group of Ten）88, 92-3, 104-5, 220

P4（Pacific 4）協定　177, 179, 197-8

RTA（Regional Trade Agreement）iv, 29, 32, 141-6, 152-5, 161

SPS 措置　vii, 106, 108-14, 121, 191, 199, 210, 216, 226

TAG（Trade Agreement on Goods）i, iv, 148, 177, 196, 198, 217-8

TPP（Trans-Pacific Partnership Agreement）
　――11協定　i, iv, 148, 156, 159, 177-82, 184-5, 189, 193-8, 203-5, 217-8, 228
　――協定　ii, viii, 15-6, 70, 135, 148, 156, 159-60, 162, 169, 177-86, 188-99, 201-10, 212, 214-5, 217, 227-9
　――枠　177, 187-9, 198, 205-6

WTO 通報　51, 60, 68

あ

青の政策　34, 45, 48-9, 56-7, 60-2, 97-8, 104

一括妥結　88, 90-1, 100, 104

迂回輸入　141, 144-5, 155, 171

か

階層方式　88, 94, 96-7, 104

関税　i, iv-vi, 6, 12-8, 21-37, 39-44, 47-50, 52-5, 60, 62, 64, 66-7, 69-2, 74, 76-81, 83-96, 100-4, 116, 118, 120, 135, 141-6, 149-52, 154-5, 157-8, 162-9, 171-5, 179, 182-90, 193-8, 201-2, 204-6, 207-9, 212-26, 228
　――化　34-5, 41-4, 48-9, 52-3, 60, 71-2, 77-9, 83, 86-7, 223
　――同盟　29, 92, 141, 143-6, 152, 155, 225
　――割当　34, 41, 44, 49, 53-4, 71, 74, 80-1, 83, 86, 91, 95, 104, 190, 198, 207, 217

緊急――措置　69, 77, 79, 86, 186, 188

差額――制度　69, 78-9, 86, 118, 186-7, 205

特恵――　21, 29, 32

危険性の評価　106, 109, 113, 121
黄の政策　34, 40, 44-5, 48-9, 56-9, 67, 96-8, 104, 222
国別枠　177, 184-5, 189-90, 198, 205-6
ケアンズ・グループ　88, 93, 104, 136
原産地規則　141, 145, 155, 162, 175
原産地証明書　157, 171, 175
後発開発途上国　21, 29, 32, 40, 127
コーデックス　106, 112, 121
国境措置　35, 41, 49, 52, 69, 85, 87, 222, 224

さ

最恵国待遇　iv-v, 21, 24, 28-32, 127, 142-3, 149, 151, 153, 155, 161
実行関税率表　157, 167, 175
従価税　21, 25-6, 32-3, 53, 76, 78, 81, 83, 95, 186, 205
自由化率　viii, 157, 163-9, 174-5
重商主義　51, 67-8
重要品目　vi, 69-70, 82, 85-7, 95, 163, 179, 182, 204, 206, 217, 220, 222
従量税　21, 25-6, 32-3, 53, 78, 81, 95, 186, 205
純輸入額　1, 3-4, 17
上級委員会　106, 116-23
譲許　v, 21, 24-5, 32, 39, 53-5, 76-7, 83, 86, 94-6, 102, 183, 196, 204
数量制限　v, 21, 24, 26-8, 32-3, 40-1, 47-9, 52-3, 60, 64, 71, 76, 84, 99, 118, 136, 141
生産要素賦存説　1, 11-2, 17-8, 226
セーフガード　27, 34, 41, 49, 77, 79, 83, 86, 96, 177, 186, 189, 198, 206, 218

　　特別——　34, 41, 49, 77, 79, 83, 86, 96
絶対優位　1-2, 6-7, 17
センシティブ品目　70, 88, 95-6, 104, 163

た

タリフライン　157, 167-8, 171-2, 174-5, 183-4
地域団体商標　124, 129-30, 137-8
チーズ
　　ソフト系——　200, 207-8, 215
　　ハード系——　200, 206, 215
調整金　69, 83-4, 86-7, 188
地理的表示　vii, ix, 15, 124-38, 182, 192-3, 198-201, 204, 210-1, 214-6, 225-6, 228
追加的保護　124, 128-30, 133-7, 192, 198, 210, 215
デカップル所得支持　51, 62, 68
糖価調整制度　69, 83, 86, 188
特別品目　88, 96, 104
特例措置　34, 41-3, 49, 71-2, 87
ドミノ効果　141, 152, 155, 196-7, 202, 215

な

内国民待遇　iv, v, 21-2, 24, 30-3, 127
ネガティブ・コンセンサス方式　106, 115, 117, 122
農畜産業振興機構　69, 81-4, 86-7

は

パネル　106, 115-23
パルメザン　133, 200, 210-1, 215
比較生産費説　1, 7, 12, 16-7, 218, 226
比較優位　1-2, 7-8, 10-2, 14, 17-8, 66, 218, 223-6, 228

索引　231

——産業 1, 7-8, 14, 17, 218, 226
比較劣位産業 1, 7-8, 14, 16-8, 67, 218, 226
被申立国→申立国
品目数ベース 157, 166-9, 175, 183
複合名称 124, 133, 135, 137, 192
普通名称 124, 133, 135, 137, 192, 210-1, 215
部分合意 88, 100, 104
紛争解決機関 106, 115-6, 122
貿易
　　——額ベース 157, 163-9, 175
　　——協定 i, iv, 1, 14-5, 17-8, 29, 38, 127, 141-4, 147-8, 156, 158-9, 177-8, 196, 198-9, 216
　　——交渉 ii, v, 1-2, 12, 14, 17-8, 23, 36, 49, 67, 89, 154, 197, 222
　　——創出効果 141, 150-1, 155-6
　　——転換効果 141, 151-2, 154-6
　　——利益 1, 7-8, 14, 16-8, 66, 218, 223, 226
　　——ルール i-ii, v, viii, 1-2, 14-8, 22-3, 68, 100, 125, 136, 152, 154, 199, 216
　　——歪曲的国内助成総額 88, 97, 104
　　国家——企業 69, 74, 83, 86, 98
翻訳名称 124, 133, 137, 192, 210

ま

マークアップ 69, 74-7, 81, 84-7, 185, 188, 206, 222

緑の政策 34, 44-5, 48-9, 55-7, 60-2, 67-8, 98
ミニマム・アクセス 34-5, 41-3, 48-9, 84
メガFTA i, ix, 141, 147-9, 152, 155-6, 160, 162, 174, 180, 198-9, 201-2, 214-8, 222, 224, 226, 228
申立国 106, 115-7, 119, 122
　　被—— 106, 115-7, 119, 122
モダリティ 88, 90, 94, 104

や

輸出
　　——規制 vi, 51-2, 64-8
　　——制限 27, 32, 34, 47-9, 52, 64-6, 68, 99
　　——補助金 vi, 34, 37, 40, 44, 46-9, 52, 63-4, 66-7, 91-2, 98, 100, 104
予防原則 106, 113, 122

ら

ラウンド vi-vii, 24, 34-41, 43-50, 52-3, 55, 57-9, 63, 66, 69-72, 74, 76-7, 79, 83, 87-91, 93-5, 98-105, 108, 115, 121, 123, 127, 132, 134, 136-7, 152-3, 163, 174, 218, 220, 222

わ

枠組み合意 88, 91, 94, 103-4

◎ 著者紹介

作山 巧　さくやま・たくみ

明治大学農学部教授。

1965年岩手県生まれ。岩手大学農学部卒業、ロンドン大学優等修士（農業経済学）、サセックス大学修士（開発経済学）、青山学院大学博士（国際経済学）。

1988年に農林水産省に入省し、外務省経済協力開発機構日本政府代表部一等書記官（在フランス）、農水省国際部国際経済課課長補佐（WTO農業交渉を担当）、国連食糧農業機関エコノミスト（在イタリア）、農水省国際部国際交渉官（日スイスEPA交渉、TPP参加協議等を担当）等を経て、2013年から明治大学農学部准教授。2018年に現職に就任し、カリフォルニア大学デイビス校訪問研究員（在アメリカ）、日本農業経済学会常務理事（『農業経済研究』編集委員長）を歴任。

専門は貿易政策論。主な著書は、『農政トライアングルの崩壊と官邸主導型農政改革――安倍・菅政権下のTPPと農協改革の背景』（農林統計協会、2021年）、『日本のTPP交渉参加の真実――その政策過程の解明』（文眞堂、2015年、日本貿易学会奨励賞受賞）、『農業の多面的機能を巡る国際交渉』（筑波書房、2006年）。

食と農の貿易ルール入門
――基礎から学ぶWTOとEPA／TPP

2019年10月25日　初版第1刷発行
2023年9月15日　初版第2刷発行

著　者　作山　巧
発行者　杉田啓三

〒607-8494　京都市山科区日ノ岡堤谷町3-1
発行所　株式会社　昭和堂
TEL（075）502-7500／FAX（075）502-7501

ⓒ 2019　作山　巧　　　　　　　　　　印刷　中村印刷

ISBN978-4-8122-1828-0
＊落丁本・乱丁本はお取り替えいたします
Printed in Japan

本書のコピー、スキャン、デジタル化等の無断複製は著作権法上での例外を除き禁じられています。本書を代行業者等の第三者に依頼してスキャンやデジタル化することは、例え個人や家庭内での利用でも著作権法違反です

新版 キーワードで読みとく 現代農業と食料・環境

いま知っておきたい122の必須テーマを、コンパクトに見開きで解説。生命を支える食の危機と、農村・地域社会の崩壊が進む現在、農業、食料、環境のからみ合う問題を解きほぐす。

第一線研究者が、初学者・実践者・生活者へおくる解説・入門書の決定版！

監修｜『農業と経済』編集委員会

編｜小池恒男　新山陽子　秋津元輝

B5判・288頁・2017年3月刊行
定価（本体2,400円＋税）
ISBN978-4-8122-1614-9

目次
- I　国際時代の農林業
- II　日本経済と農林業
- III　環境保全と地域の持続性
- IV　農林業経営の展開と地域
- V　生産構造と生産要素
- VI　農産物加工・流通・消費と食品安全
- VII　農業財政金融と農協

図書出版　昭和堂